ヤバいくらい通じる
英会話の法則

窪田ひろ子
Hiroko Kubota

ま え が き

私は、これまでいろいろな場で英会話をマスターするためのお手伝いをしてきた。

そして実に多くの人たちからくる質問がこれである。

「どうやったら、英語がしゃべれるようになるんですか?」

「しゃべれるようになるまで、どれくらいの期間がかかりますか?」

「どうしたら、早くしゃべれるようになれますか?」

私自身も10代の頃、英語が話せるようになりたいという欲望はあったが、先生に先輩に、あるいはすでに英語をモノにしていた人達に、ここにあげたような質問などしたことはなかった。

何故か?話せるようになるためには、自分自身で身につける他はないと、誰にアドバイスされたわけでもなく、思っていたからだ。

人と同じように、人と同じ時間を費していたのではダメとも考えていたから、遊びにも英語をとり入れた。たとえばアメリカ映画を見、ことばを覚えた。そして誰もいないところで、覚えた英語のセリフを、あたかも自分が映画の主人公になったつもりで声を出して「一人芝居」みたいなことをやっていた。好きでやっていたから、さして苦にならなかった。

高校時代、週三回英会話学校に通っていた授業料は父からもらって払っていたが、父が働いてくれたお金を使うの

だから、学校でそれだけのものを吸収しなければ申しわけないと思いながら学校に通っていた。このことは、私のところへ英会話をかつて習いに来た人に、私がよく言っていたことである。

今、あなたが読み始めたこの本に関しても同じことが言える。もし、お金を払ってこの本を買うなら、〝モト〟を取らなければ損するではないか。ぜひとも通じる英語を身につけていただきたい。その要求に十分答え得る協力を、この本の中で私はおしみなくしたつもりだ。

難しい言葉や表現をつかって英会話を覚える必要はない。アメリカ人の場合、やさしい言葉・やさしい表現をつかってのコミュニケーションをよしとする傾向がある。本書で選んだ例文、表現はそういったことを踏まえた上でまとめたから、抵抗なく読んでいただけることと思う。

それからもうひとつ重要なアドバイスがある。まわりの事情の許す限り、英語の部分は必ず"声を出して"読んでいってほしい。なぜならそうすることが、話せて聞ける能力をつちかうのに大変効果があるからだ。そうすれば、本書の中の英語はすべてあなたの頭の中に根をはやし、一生自由に使っていけるようになるだろう。

そして最後に一番大切なこと、それは〝続ける〟こと。これを私からのはなむけの言葉としたい。

窪田ひろ子

目次

まえがき ……… 3

CHAPTER 1
これで通じるあなたの英会話

★ わからなければ徹底的に聞きなさい ……… 12
- 聞きとれなくてわからないとき
- 言葉の意味をたずねるとき
- 知らないことを聞かれたとき

★ 会話は、単語だけでも通じる！……… 14
- 一言で通じる英語
- プリーズをつけるだけで通じることも

★ 丁寧な言い方・答え方 ……… 16
- please をつければ、すべて丁寧
- May I…? と、Can I…?
- I'd like…　● Could you…?
- Would you kindly…?　● Go と Come
- 答え方は、OK〜Certainly

★ 独特のジェスチャーを理解しよう ……… 20
- 指のおまじない　● 親指を立てる
- 侮蔑のサイン

★ 慣れればカンタン！Yes、No のつかい分け …… 22
- No と言える日本人

★ イントネーションに気をつけて ……… 24
- 疑問文の語尾は上げる
- 感情をこめて言おう　● 強く言う書葉

★ アクセントにも気をつけて ……… 26

★ 間違いやすい単語に注意！………… 29

★ ニッポン流では通じません………… 31
  ●日本式の発音では通じない
  ●和製英語も通じない
  ●日本的表現の直訳もダメ

CHAPTER 2
これだけ覚えれば大丈夫！

★ あいさつ—会話の始まり………… 38
  ●親しい人へのあいさつ　　●初対面のあいさつ
  ●いくらか改まったあいさつ
  ●久しぶりに会ったとき
  ●天候を話題にする　　●寝る前のあいさつ

★ 話しかける—親しみをこめて………… 42
  ●注意をひきつけて　　●親しい相手なら愛称で
  ●気配りも忘れずに
  ●困っている人を見かけたら
  ●大切なことを話したいとき

★ すすめる—やさしく、ときには、強く………… 46
  ●丁寧なすすめ方　　●…はどうですか？
  ●…はどう？　　● What do you say to…?
  ●強くすすめるとき

★ 頼む—いろいろな依頼………… 48
  ●お願いがあるんですが…　　●連絡してください
  ●伝言を頼む　　●どうぞ、なんなりと

★ 別れる—Bye-bye は幼児語………… 50
  ●バイバイは bye-bye
  ●じゃ、また…は、See you…
  ● Have a nice…　　●もう行かなきゃ

★ 感謝する―心をこめて ………… 52
  ●いろいろな "ありがとう"
  ●援助・協力に対して

★ わびる―アイアムソーリーばかりでなく ………… 54
  ● "ごめんなさい" も、はっきりと
  ●もう一つの I'm sorry

★ 意見を述べる―はっきり言おう ………… 56
  ●確信があるとき　　●～ではないかと思うとき
  ●100パーセント確かというわけではないとき
  ●どっちとも言えないとき　　●確認の言葉

★ 賛成する―So～I もつかって ………… 58
  ●賛成・共感　　●強い賛成の意思表示
  ● So～I の言い方

★ 反対する―TPO に合わせてつかい分け ………… 60
  ●反対の意思表示　　●やわらかい反対
  ●非難の気持ちをこめて　　●断りの意思表示
  ●許しを乞う

★ 祝う―いろいろの「おめでとう」………… 62
  ●ふつうの「おめでとう」
  ●祝日・記念日の「おめでとう」

★ あいづちを打つ―ケース・バイ・ケースで ………… 64
  ●肯定のあいづち
  ●不確実・疑念のあいつち
  ●驚いたとき

★ 話をつなぐ―自然に言えればかなりの実力 ……… 66
  ●話をつなぐとき
  ●話を変えたいとき
  ●相手が理解したかを確かめるとき
  ●「～などなど」と言うとき

★ **承諾する—OK だけではバカにされる** ……… **68**
　　●ふつうの承諾　　●Why not…?
　　●改まった同意

★ **拒否する—相手の気持ちを考えて** ……… **70**
　　●申し出を断る　　●強く拒否する
　　●気がすすまないとき

★ **決まり文句—覚えてしまおう** ……… **72**
　　●あくびをしたら　　●くしゃみをしたら
　　●トイレに行きたくなったら

★ **たずねる—いろいろな質問** ……… **74**
　　●都合を聞く
　　●理由・考えなどを聞く

★ **電話の応対—勇気を出して** ……… **76**
　　●「もしもし」から
　　●電話をかける　　●電話を受ける

★ **ほめる—ときにはオーバーに** ……… **78**
　　●女性をほめる　　●男性をほめる
　　●料理や家族をほめる

★ **感じる—正確に伝えたい** ……… **80**
　　●痛さの表現
　　●いろいろな症状の表現
　　●疲れなどの表現

★ **感情を表す—ヴィヴィッドに伝える** ……… **82**
　　●喜ぶ　　●楽しむ　　●怒る
　　●悲しむ　　●驚く　　●感動する
　　●退屈する　　●非難する
　　●悪態をつく　　●失望する
　　●うらやむ　　●嫉妬する　　●心配する
　　●恐れる　　●希望する

★ **さまざまな慣用的表現—丸暗記しよう** ………… **90**
- ●許可を求める ●命令する
- ●助けを求める ●激励する
- ●確認する ●あきらめる
- ●決断する ●紹介する
- ●聞いてもいいこと・いけないこと

★ **アメリカの交化・習慣を理解して** ………… **96**
- ●出産祝い ●職場での名前の呼び方
- ●クリスマス ●ユーモア ●計算の表現
- ●数の表現 ●お金の表現
- ●アメリカ合衆国の祝祭日 ●日本の祝祭日

CHAPTER 3
ケース・スタディ

★ **ますます英会話が楽しくなる!** ………… **106**
- ●朝 ●駅で ●道を聞く
- ●会社の朝 ●会社で
- ●昼食に誘う ●電話 ●コーヒーブレイク
- ●買い物 ●デパートで ●ホテルで
- ●招待状 ●子供の会話 ●ダイエット
- ●久しぶりの出会い ●葬式
- ●美術館で ●レストランで①
- ●レストランで② ●ピクニックに誘う
- ●デートに誘う ●病院で ●テレビ
- ●プレゼント ●バーで

CHAPTER 4
もっともっと上手になる英会話

★ **基本動詞をフルにつかって** ………… **158**

have   take   make
get(got)   set   play
go   come   stand   keep

★ 疑問詞の上手なつかい方 ………… 168
　　what　　how　why

★ 前置詞・副詞なども上手につかって ………… 170
　　over　　about　　down　　for
　　big　　some　　up　　out　　by
　　back　　all　　in　　good
　　on　　one　　cut

★ 仮定法をつかいこなそう ………… 184
　　●仮定法過去　　●仮定法過去完了

★ ものがもつイメージを生かして ………… 186
　　●動物のイメージ　　●食べ物のイメージ
　　●色のイメージ

★ 時刻に関するいろいろな表現 ………… 190
　　●時刻の言い方　　● time をつかったフレーズ
　　● it is…　　●度量衡

本文イラスト　山口三男

CHAPTER 1

これで通じる あなたの英会話

わからなければ徹底的に聞きなさい

★私の経験では、外人の話を聞いていて、理解できないとき、日本人はたいていの人が黙っている。あるいは「あ？」と首を突き出して言う。これは女性に多いように思うが、実にみっともない仕草。外人の言っていることがわからなかったら、すかさずたずねる癖をつけたい。

●聞きとれなくてわからないとき
 I beg your pardon ?
 （もう一度、言ってください）
 Pardon me ?
 （もう一度、言ってください）
 Excuse me ?
 （何とおっしゃったのですか？）
 Say it again please.
 （もう一度、言っていただけますか？）
 Would you repeat it again please ?
 （もう一度繰り返していただけますか？）
 Would you mind speaking more slowly ?
 （もっと、ゆっくり話していただけますか？）
●言葉の意味をたずねるとき
 What is the meaning of～?
 （～は、どういう意味ですか？）

Chapter 1　これで通じるあなたの英会話

What do you mean by that ?
（それは、どういう意味ですか？）

●知らないことを聞かれたとき

I don't know.（私は知りません）

I have no idea.（知りません）

I don't have the slightest idea.
（まったく知りません）

Beats me.（参った、わからない）

I'm not aware of it.（知りません）

★私の見たところの英会話を勉強している人たちに総体的
に言えることがいくつかある。その1は、相手（たとえば
アメリカ人の先生）の言っていることが理解できないとき、
無言でいること。なぜ、I beg your pardon？と言って、
相手の言ったことがわからないということを伝えないのか。
わからないのがいけないのではない。わからないとき、わ
からないということを相手に伝えないのが悪いのだと、私
は私の教えているクラスでは、口をすっぱくして言ってい
る。わかっていないのに、わかったふりをしない、あるい
は、ただ黙りこくってはいけないということは大切なこと
で、あなたにもそういう癖があるなら、いますぐ改めてほ
しい。

★私がFEN放送にいたころ、私のまわりのアメリカ人は
私によくこういったものだ。

　「日本人はなぜあんなに速くしゃべるんだろう？」
つまり、自分の理解できない外国語は誰でも速いと感じて
しまうのだ。聞くことは恥ずかしいことではない。

13

会話は単語だけでも通じる！

★単語だけでも通じる英語がある。これは、初心者にとってありがたいこと。どんどんつかっていきたい。

●一言で通じる英語

合づちの Sure や Really は、意外に大切だ。つぎに、5W1Hをつかいこなせるようになればしめたもの。

Sure !（いいとも！）　**Listen !**（聞いて！）
Really ?（ほんと？）　**Wait !**（待って！）
Go !（行きなさい！）　**Come !**（おいで！）
Shoot !（話してごらん）
Eat.（食べなさい）　**Relax.**（楽にして）
Careful.（気をつけて）　**Out !**（出ていけ！）
How ?（どうやって？）　**Why ?**（なぜ？）
Where ?（どこで？）　**When ?**（いつ？）
What ?（なに？）　**Good !**（よかった）
Smile.（笑ってごらん）　**Hurry !**（急いで！）
Outstanding !　Great !
Beautiful !　Excellent !｝（すばらしい！　やった！）

●プリーズをつけるだけで通じることも

Coffee, please.（コーヒーをお願いします）
Please don't.（しないでください）
Sign please.（署名をお願いします）

Chapter 1　これで通じるあなたの英会話

Passport please.（パスポートを見せてください）

★please＝「どうぞ」という意味だと、そればかりにこだわらないほうがよい。英会話の場合、please をつかうと、全体が丁寧になることを忘れてはならない。たとえば、

Could you wait a moment please ?

（少し、お待ちいただけますか？）

★英語では、please が入っていても、日本語では「どうぞ」は言わないでもよいとされる。「どうぞ」なしでも十分丁寧と言えるからだ。もちろん、英語でも日本語でも please「どうぞ」を言うときがある。

Come in please.（どうぞお入りくださ ）

Have a seat please.（どうぞおかけください）

After you please.（どうぞお先に）

★とにかく、人になにかを頼むときは必ず please をつかうことと覚えておけば間違いはない。アメリカの親は子供に小さい頃から please をつかうようにしつける。子供が、I want some cookies mom.（お母ちゃん、ぼく、クッキーがほしいヨ）と言ったとする。すると母親は Say please.（どうぞと言いなさい）と please をつかわないとクッキーを与えない。同じように、子供が人から何かをもらって黙っていると、母親は、Now what do you say ?（さあ、何と言うべきなの？）と子供に催促する。すると、子供は、Thank you. というわけ。

★このように、アメリカの子供たちは小さい頃から、please と Thank you を言うことが大切だということを教えこまれるのである。

15

丁寧な言い方答え方

★相手に何かをしてもらいたいとき、日本語では、「しろ」「してくれ」「しなさい」「していただきたい」「してください」「していただけますか」「していただきたいのですが」……と、ぞんざいな言い方から丁重な言い方まで、いろいろな段階がある。英語には、これほどのわずらわしさはないが、ややぞんざいな言い方、ふつうの言い方、丁重なあるいは丁寧な言い方の区別はある。日本語でもそうだが、いつでも丁寧な言い方をしていれば、無難ではある。

★しかし、親しい相手がくだけた言い方をしているのに、こちらだけバカ丁寧な言い方を続けるというのは、いかにも堅苦しく、他人行儀でもあるので気をつけよう。

● please をつければ、すべて丁寧

Tell me the way to the station.

(駅までの道を教えてよ)

Please tell me the way to the station.

(どうぞ、駅までの道を教えてください)

★上の二つを比べてほしい。相手が親しい友達なら、上の言い方でよいが、知らない人にこんな言い方をしたら、ジロリとにらまれることだろう。しかし、一言、please をつけるだけで、これが十分礼儀にかなった言い方になる。

★相手が未知の人であるなら、たとえウエイトレスであっ

Chapter 1　これで通じるあなたの英会話

ても、この語をつけるくらいの丁寧さは持ちたいものだ。

Would you like some coffee ?

（コーヒーはいかがですか？）

Yes, please.（ええ、お願いします）

● **May I…?** と、**Can I…?**

「…してもいいですか」と相手の許可を求める言い方は、当然丁寧な言い方である。

May I come in ?（入ってもいいですか？）

Can I come in ?（入ってもいいかしら？）

どちらかというと、may のほうが丁重で、can はややくだけた言い方になる。

● **I'd like…**

I または you に would をつけると、やはり丁寧な言い方になる。

I'd like a cup of coffee.（コーヒーをください）

I'd like a glass of beer.（ビールをください）

I'd like to take a walk.（散歩をしたいです）

What would you like, sir ?（何になさいますか？）

★ホテルやデパートでは客に対してこのように言うのが習慣。sir（サー）は男性客へのごく丁重な呼びかけ。女性客には、ma'am（マム）。ただし、日常の会話では相手がよほど目上である場合に限られる。

★店員にこんな感じで聞かれたら、上の三つの例文のように答えればよい。また I'd は I would の省略形である。

17

● Could you…?

　相手に何かを頼むとき、命令形に、could をつけても、丁寧な言い方になる。

Could you tell me the way to the station ?
（駅への道を教えていただけますか？）

　そして、could の上に、さらに please をつければ、最上級に丁寧な聞き方といえる。

Could you tell me the way to the station, please ?

● Would you kindly…?

Would you kindly show me that ring ?
（あの指輪を見せていただける？）

Would you kindly stop talking ?
（おしゃべり、やめてくださいませんか）

★kindly を please と同じようにつかって、丁寧な表現にすることもできる。もっとも、丁寧ではあるけれど、いくらか皮肉をきかしたいい方と言えるかもしれない。上の二つめの例だと、客はほったらかしで仲間とおしゃべりに夢中な店員とか、映画館で映画そっちのけで、なにやら話し合っているカップルなんかに、「ちょっと、いいかげんにしてよ」というニュアンスをこめてバカ丁寧に頼む、そういう口調である。

● Go と Come

　go と come も、つかい分けの難しい英語だ。ここでは、どういう場合が go で、どういう場合が come かを言って

Chapter 1　これで通じるあなたの英会話

いる余地がないが、「帰ります」というときを例に、その違いを言っておきたい。英語では、この言葉は、

I'll go home.（家に帰ります）

I'll come home early today.（今日は早く帰ります）

のどちらかだ。上は会社から今家に帰るときの言い方、下は家を出るときに家族に言う言い方である。同様に、

Can I go with you ?（一緒に行っていいかな）

May I come with you ?（ご一緒させていただけますか）

●答え方は、OK〜 Certainly

OK.　All right.　Sure.

Of course.　Certainly.　Why not ?

★何かを頼まれたとき、「どうぞ」「いいですよ」を意味する受け答えには、上のようなものがあるが、大体左上から順に丁寧さのトーンが上がると言ってよい。あえて言えば、OK は「いいとも」、Certainly は「いいですとも」に相当する。

★なお、May I…? という聞き方でたずねられても、Yes, you may. という答え方をしないこと。これは「…してよろしい」という、目下に対する尊大な許可の言い方だ。

─────── 日本文化を English で①───

神輿（みこし）

　A portable shrine carried on the shoulders of devotees at the festival of a shrine. A portable shrine contains a deity of God.

19

独特の
ジェスチャーを
理解しよう

★「手は、口ほどにものを言う」とか。英語世界の独特の
ジェスチャーも知っておきたい。

●指のおまじない

I cross my fingers.
(願いごとがかないますように)
I'll keep my fingers crossed for you.
(うまくいくように祈っています)
Cross your fingers.
(願いごとがかなうように祈れよ)

★片手の人差し指と中指を重ねるジェスチャー。「うまく
いきますように」というおまじない。本当は指を重ねるの
ではなく、「交差」させているのである。略式の十字架と
言える。人からは見えないように後ろにまわしてやること
が多いようだ。

 cross finger あるいは keep one's fingers crossed という
言い方はここからきている。意味は、おまじないの意味そ
のもの、「成功を祈る」「幸運を祈る」ということ。

 アメリカ人は、冗談まじりにこんなふうに言うこともあ
る。

 Cross your fingers and toes.

Chapter 1　これで通じるあなたの英会話

つまり、手の指だけでなく、足の指も交差させて祈れ、念には念を入れて祈れ、ということ。アメリカ人らしいジョークである。

●**親指をたてる**

raise one's thumb。親指を立てる動作は、もしこれに言葉をそえるとしたら、"OK"または"Good"。日本語なら「いいぞ！」「やったね！」となる。ただし女性はひかえたほうが無難。

逆に、親指を下に向けるのは、"no good"または"failed"（ダメ）。これも女性は止めたほうが無難。

親指は、不器用で無骨な指と思われているらしい。all thumbs とは、ブキッチョということ。

His fingers are all thumbs.（彼は本当に不器用だ）

●**侮蔑のサイン**

中指を立てて、相手に突きつけるのは、紳士淑女ならゼッタイやらない下品なサイン。おおむね "Fuck you" という罵りが伴う。直訳すれば「ゲス野郎」「サイテイ野郎」といったところ。気が短い相手なら、たちまちケンカになりかねない危険なサインだから、やらないのが無難。

★中指と人差し指を立てるVサインは"Peace"でもあるし、「やったね！」でもあるが、それはあくまでも手の平を相手に向けてする場合。手の平を自分に向けて、そのVサインでおいでおいでのしぐさをするのは、イギリスでは中指を立てるのと同じ意味を持つ。くれぐれもご注意を。

21

慣れればカンタン！
Yes、No の
つかい分け

★日本人の場合、Yes と No のつかい分けを、もっともっと自分で意識して練習することが大切だ。

最初のうちは、だれもが間違いをする。たとえば、次のように聞かれたとする。

Do you mind if I smoke ?

（タバコを吸ってもいいですか）

答えは、二つに一つ。

Yes, I do.（いやです）

No, I don't.（はい、どうぞ）

上の例では、mind が「いやがる」「迷惑に思う」という意味の動詞と覚えていれば、Yes, No の選択にそう迷わない。つまり、Yes, I do. は、I mind if you smoke.（いやです）であり、No, I don't. は、I don't mind if you smoke.（気にしません）である。だが、次のような場合は、どうだろう。

Don't you like to go ?

（あなたは、行きたくありませんか）

日本語の返事では、「ハイ、行きたくありません」だから、ついうっかり、**Yes, I don't.** と言ってしまいがち。

相手はあなたの真意をはかりかねて、目を白黒ということになる。ここは、「行きたくない」の「ない」を明確に答えなければならない。従って、答えは、**No, I don't.**（い

Chapter 1　これで通じるあなたの英会話

いえ、行きたくありません)

　もう一つ、例をあげよう。

Haven't you climbed Mt. Fuji ?

(富士山に登ったことはありませんか)

　と聞かれ、登ったことがなければ、日本語だと、「はい、ありません」と答える。これを直訳的に英語に置き換えて
Yes, I haven't.
と言ってしまう。これは、もちろん、

　No, I haven't.（いいえ、ありません)

でなくてはならない。登ったことがある場合は、

　Yes, I have.（はい、あります)

と言わなければならない。

★Yes と No を正しくつかい分けられるようになるには、場数を踏み、そのつど注意深く返事をするようにして、慣れるほかはないと思う。

● **No と言える日本人**

　日本人は、概して Yes, No をはっきり言わないと言われる。その理由の一つには、Yes にしろ No にしろ、はっきり意思表示することに一種の遠慮、気後れのようなものがあるようだ。特に"No"とはっきり言わない。それは、"No"にあたる日本語「否」「違う」などが、日本語の中では強すぎる響きを持っているからかもしれない。しかし、英語では、そうした懸念は、いっさい無用である。相手の言うことを否定したからといって、それで相手の機嫌を損なうということはない。むしろはっきり意思表示するほうが、人間関係にプラスになる。これをキモに銘じておこう。

23

イントネーションに気をつけて

★イントネーションの重要さは、日本語も英語も同じ。しっかり身につけておかないと、誤解をまねきかねない。

● 疑問文の語尾は上げる

　Is this a pen ?（これはペンですか？）
　Do you like to dance ?（ダンスは好きですか？）
　Is anything wrong ?（何かいやなこと、あったの？）

★疑問文の語尾は上げる。これは基本。ただし、what, when, where, which, why, how で始まる疑問文は、語尾を下げる。たとえば、

　What is your address ?（あなたの住所は？）
　When are you leaving here ?
　（いつ、ここをたちますか？）
　Where is your hometown ?
　（あなたの故郷はどこですか？）
　Which do you like, this one or that one ?
　（どっちが好き？ これ？ それともあれ？）
　Why didn't you come yesterday ?
　（きのう、なぜ来なかったの？）
　How much is it ?（これ、いくら？）

● 感情をこめて言おう

Chapter 1　これで通じるあなたの英会話

Hello !（こんにちは！）

Sure !（いいとも）

Oh，it's delicious !（ああ、おいしい）

I feel sorry for you.（お気の毒さま）

That's a good idea.（それはいい考えだ）

★日本人は、欧米人に比べて感情の表現が足りない。欧米人は、身振り、手振りをまじえて、じつにはっきりと感情を表現する。口を大きく開け、声を大きく、感情をはっきり表す。自分ではオーバーかなと思うくらいにしてちょうどよい、と思ってほしい。

●強く言う言葉

<u>I</u> don't know.

I don't <u>know</u>.

<u>You</u> have to go.

下線部に注意して発音してみてほしい。同じ文でも強弱なしに言うのと、どこかを強く言うのとでは、その意味が多少違ってくる。上のⅠを強く言った場合は「私が知っているわけないじゃないですか」という感じだが、know を強く言うと「知らないってば」という感じになる。

三例目の文も you を強く言うと「ほかのだれでもない。あなたなんだよ、行くのは」という意味になってくる。

───── 日本文化を English で② ─────

床の間

　A recessed alcove in a Japanese-style guest room. A hanging scroll, flower arrangement or other artistic ornaments are displayed.

アクセントにも気をつけて

★地名など、固有名詞のアクセントの置き方を間違える日本人も少なくない。アクセントの置き方を間違っているというだけで、通じないということがある。

なにごとも最初が肝心。最初に癖になると、なかなか正しい発音ができにくいようなので注意。ここにあげる固有名詞は、アンダーラインの部分にアクセントを置くこと。

アジア Asia　アイダホ Idaho
アラスカ Alaska　アラバマ Alabama
アリゾナ Arizona　アルゼンチン Argentina
イスタンブール Istanbul　イスラエル Israel
イタリア Italy　インディアナ Indiana
インドネシア Indonesia　ヴェネズエラ Venezuela
ウクライナ Ukraine　エディンバラ Edingburgh
オクラホマ Oklahoma　オレゴン Oregon
カルカッタ Calcutta　韓国 Korea
カンタベリー Canterbury　グァテマラ Guatemala
ケンタッキー Kentucky　コロラド Colorado
サウスカロライナ South Carolina
サンフランシスコ San Francisco
ジョージア Georgia　ストックホルム Stockholm
セントルイス St. Louis　テキサス Texas

26

Chapter 1　これで通じるあなたの英会話

ナイジエリア　**Nigeria**　　ニュージャージ　**New Jersey**
ニューヨーク　**New York**　　ニュールンベルグ　**Nur-**
emberg
ネヴァダ　**Nevada**　　ネブラスカ　**Nebraska**
ハイデルベルグ　**Heidelberg**　　ハワイ　**Hawaii**
ブラジル　**Brazil**　　ホノルル　**Honolulu**
マサチューセッツ　**Massachusetts**　　ミシガン　**Mi-**
chigan
ミズーリ　**Missouri**　　モロッコ　**Morocco**
ヨハネスブルグ　**Johannesburg**　　リヴァプール　**Li-**
verpool

★私が英語を教えたある日本人男性、アメリカ旅行でオレ
ンジジュースを注文、Orange を日本流にオレンジと言っ
たがさっぱり通じない。もう一人が正しい発音を覚えてい
て、オーレンヂと言ったら、すぐにわかったのである。
★正しいアクセント、正しい発音を覚えておかないと、通
じないということがよくある。地名もしかり。たとえば
Korea を、コーリヤと発音する日本人によく出くわすが、
これは、コリーアでなくてはならない。
　「韓国の」は Korean であるが、これも、コーリャンと
いう人がいる。これはコリーアンでなくてはならない。
★日本人の好きな海外旅行先の一つに、Guam がある。私
はひどいなと思うのは、プロの TV キャスターまでがこれ
を「ガム」と言っていることだ。ガムなら gum、そして
その意味は「歯肉」。Guam の正しい発音は、グアム、読
んで字のごとくである。

27

ビールの都、ミュンヘン（日本人はこう呼ぶ）。地元ドイツの人たちの発音は、マンチェン、そしてこれが英語会話の中に入ると、ミューニックとなる。

Chapter 1　これで通じるあなたの英会話

間違いやすい単語に注意！

★日本語に同音異義語があるように、英語にも同じ発音で意味の違うものがある。それが話された状況や文脈から、その意味を判断しなければならない。

★私の知り合いのＯさんは、かつてある大新聞社の記者であった。私がFEN放送のアナウンサーをしていた頃、FENで放送する音楽番組について、話を聞きたいというＯさんに音楽あれこれを話してるうち、ソウル音楽の話で盛り上がったが、キョトンとしていたＯさん、何年かたったつい最近、「いやあ、あの時は、窪田さんが何で韓国のソウルの音楽の話をするのかわかりませんでしたよ」と言ったものだから、初めて彼がsoul musicを「韓国ソウルの音楽」だと思ったことがわかり、大笑いをしたものだ。

オージー　{ **Oh gee !**（あら、まあ）
　　　　　{ **orgy**（乱交パーティー）

ティー　　{ **tea**（茶）
　　　　　{ **tee**（ゴルフのティー）

ウッド　　{ **wood**（木、森）
　　　　　{ **would**（will の過去形）

ミート　　{ **meet**（会う）
　　　　　{ **meat**（肉）

29

ペア
- **pair**（一対、一組）
- **pear**（西洋梨）

ピース
- **peace**（平和）
- **piece**（一片、一切れ）

ピー
- **pea**（えんどう豆）
- **pee**（おしっこ）

ロウル
- **role**（役割）
- **roll**（丸いもの）

セル
- **cell**（独房）
- **sell**（売る）

セイル
- **sale**（販売）
- **sail**（航海する）

キャン
- **can**（できる）
- **can**（缶）

ソウル
- **soul**（魂）
- **sole**（唯一の、舌びらめ）
- **Seoul**（韓国のソウル）

ライト
- **write**（書く）
- **right**（右の、正しい）
- **rite**（儀式）

ニード
- **need**（必要である）
- **knead**（こねる）

メイル
- **male**（男性）
- **mail**（郵便）

マイナー
- **minor**（未成年者）
- **miner**（鉱夫）

Chapter 1　これで通じるあなたの英会話

ニッポン流では通じません

★ニッポン流の英語では、発音も、単語（和製英語）も、表現方法も通用しないことを、よく頭に入れておいてほしい。

●**日本式の発音では通じない**

　日本人が英語の発音が下手だという場合、"音"として耳に入ってきた native の英語を素直に発音していないということが多い。

★日本人は、目に頼りすぎるのである。つまり、綴りをローマ字ふうに発音してしまうのだ。たとえば、It や that。これを、日本語式に「イット、ザット」と発音していてはいけない。native が、it や that を言うのを聞いていると「イッ、ザッ」と聞こえるはずである。そして it is は、「イト　イズ」ではなく「イティーズ」、that is は「ザット　イズ」ではなく「ザッティーズ」と聞こえるはずである。正しい発音を身につけるには、まず綴りは忘れること。そして、耳から入ってくるサウンドをそのまま言ってみる。すると、それは必ず native の言っているのと同じか、それに近い発音になっているはずである。綴りから発音してしまう、日本人的発音と、実際に耳から入ってくる発音を比べてみよう。最初が目から入った発音、→後が耳から入ってきた音としての発音である。

Come on in. カム　オン　イン→カモーニィン

I got you. アイ　ゴット　ユー→アイガッチャ

Thanks a lot. サンクス　ア　ロット→サンクスアラー

You are welcome. ユー　アー　ウェルカム→ヨアウェォカム

Get out. ゲット　アウト→ゲラゥ

Get it done. ゲット　イット　ダン→ゲレッダン

Take it easy. テイク　イット　イージー→テケッイーズィ

Get in. ゲット　イン→ゲリン

Take it off. テイク　イット　オフ→テケットォ

What is the matter ? ホワット　イズ　ザ　マター→ホワッザマェーラ

Good night. グット　ナイト→グナーイ

I'm going to tell you something. アイ　アム　ゴーイング　トゥ　テル　ユー　サムシング→アイムゴーナテオユー　サムスィン

common sense コモン　センス→カーマンセ

festival フェスティバル→フェスティヴォ

button ボタン→バタ

travel トラベル→トゥラヴォー

pretty good. プリティ　グッド→プリグー

20 dollars トウェンティドラーズ→トゥエニーダーラ

hospital ホスピタル→ハアスピトォ

theater シアター→スィアラ

model モデル→マードウ

allergy アレルギー→アラジー

Chapter 1　これで通じるあなたの英会話

★あるとき、日本人がアメリカ人にたずねた。Who is
your favorite movie actor?（一番好きな男優は、だれで
すか？）アメリカ人は、すかさず Robert Redford と答え
たのだが、日本人には理解できない。そしてアメリカ人が
数回、Robert Redford をくりかえして、やっと「ああ、
ロバート・レッドフォードかあ」とわかったという。日本
人の「ロバート・レッドフォード」は、日本人にしか通用
しない。英語では、カタカナで書くと「ラバッ・レッフォ」
なのである。

★人名も、こんなに違うことがわかろう。ほかの例をあげ
ておこう。最初が日本式のもの、→後が native の発音。

Ed　エド→エッ

Robert　ロバート→ラバッ

Peterson　ピーターソン→ピラスン

Loyd　ロイド→ローイ

Bill　ビル→ビォ

Powell　ポウエル→パウォ

Sam　サム→サェム

Michael　マイケル→マイコォ

Ronald　ロナルド→ラーナォ

Harold　ハロルド→ハェロォ

Hal　ハル→ハェオ

Richard　リチャード→リチャ

Margaret　マーガレット→マーガル

Bob　ボブ→バァーブ

Abraham　アブラハム→エイブラハム

Montgomery　モントゴメリー→モノガミイ

33

●和製英語も通じない

　和製英語には困ったものだ、と私はいつも思っている。それがそのまま外国で通用すると思っている日本人も少なくないだろうし、何もそうまでして、日本製の外国語というような言葉をつかうより、日本語でなぜ言わないのかと思う。ともあれ、和製英語は、英製英語で知っていないと困る。

OL、オフィスレディ = **female office worker**

ガードマン = **security guard**

マイカー = **private car**

パンスト = **panty hose**

カフスボタン = **cuff links**

ゴールデンアワー = **prime time**

シャープペンシル = **mechanical pencil**

スキンシップ = **physical contact**

プレーガイド = **ticket office**

カンニング = **cheating**

トランプ = **play cards**

ガソリンスタンド = **gas station**

キャッチボール = **play catch**

コーポ = **apartment building**

サラリーマン = **company employee**

シンボルマーク = **logo／emblem**

ホームドラマ = **soap opera**

タレント = **TV personality**

ナイター = **night games**

ビニールハウス = **greenhouse**

Chapter 1　これで通じるあなたの英会話

カメラマン＝**photographer**

ギャラ＝**fee**

スタイル＝**figure**

クレーム＝**complaint**

バイキング＝**buffet**

ヨット＝**sailboat**

●**日本的表現の直訳もダメ**

　日本語をそのまま、英語に変えても通用しないことがある。たとえば、日本には、家や会社を出る際、「行ってきます」帰ったときは「ただいま」と言う習慣があるが、アメリカ人は、家を出るとき、帰ったとき、これを直訳してI'm going……のようなことを言うかというと、そうではない。出るときも、帰ったときも、"Hi"と言う。そして家で迎えるほうも"Hi"と言う。

★ほかに例をあげてみると、（→が正しい英語）

Your style is good. → **You have a nice figure.**

　　　　　　　　　　（あなたはスタイルがいいですね）

Your son's head is good. → **Your son is smart.**

　　　　　　　　　　（あなたの息子さんは頭がいい）

My hair was cut. → **I had my hair cut.**

　　　　　　　　　　（私は髪をカットした）

CHAPTER 2

これだけ覚えれば大丈夫

あいさつ
会話の始まり

★すばらしい会話を楽しむには、まず初めのあいさつが大切。いくつかの言葉を上手につかい分けよう。

●親しい人へのあいさつ

Hi !（やあ）

Hello !（やあ）

How's everything going ?
（近頃、どうですか？）

How are you ?
（ごきげん、いかがですか？）

How are you doing ?
（ごきげん、いかがですか？）

What's new ?（やあ、どうだね？）

Working hard ?（よくやってるかい？）

What are you up to ?（近頃、どうですか？）

★"Hi !" は、親しい人へのあいさつによくつかう。"Hi !" は "Good morning" "Good afternoon" "Good evening" のいずれの場合にもつかえる便利な言葉。"Hello" よりもくだけている。それだけに、あまり親しくない人、改まって、丁寧な言葉で話すべき人へのあいさつにはつかわないほうがよい。

Chapter 2　これだけ覚えれば大丈夫

●初対面のあいさつ

How do you do ?〈はじめまして〉

(it's) nice to meet you.

（お目にかかれてうれしいです）

I'm glad to know you.

（お目にかかれてうれしいです）

I'm pleased to meet you.

（お目にかかれてうれしいです）

It's a pleasure to meet you.

（お目にかかれてうれしいです）

It's awfully nice to meet you.

（お目にかかれて、とてもうれしいです）

I'm so happy to meet you.

（お目にかかれて、とてもうれしいです）

★初対面のあいさつは、決まり文句みたいなもの。丸暗記しておけばよい。これらの言葉が長すぎて覚えられないという人は、単に Nice to meet you. を覚えておくこと。

★なお、初対面の人に紹介されあいさつをした後、その場を離れるときは、黙って行ってしまわず、必ず初対面の人に、Nice meeting you. と言ってから、その場を離れるのがマナー。

●いくらか改まったあいさつ

Good morning.（おはようございます）

Good evening.（こんばんは）

How are you doing ?（ごきげん、いかがですか？）

39

●久しぶりに会ったとき

it has been a long time.

（しばらくでした）

I haven't seen you in a long time.

（しばらくでした）

Long time no see.

（しばらく……）

★久しぶりに会った人に対して、日本人は「どうも、しば
らくでした」というあいさつをするが、これは直訳すると、
おかしなことになる。こんなときは、それに相当する英語
のフレーズを理屈ぬきで覚えるにかぎる。

★It has been a long time. のほうが日本語の「しばらくで
した」に近いが、あちらの人は I haven't seen you in a
long time. のほうもよくつかうから、覚えておいたほうが
よい。Long time no see. も「しばらく…」を意味するが、
いわゆる教養ある人の言葉として受けとられないことがあ
るので、私は、マネをしないほうがよいと思う。

　I haven't seen you in a long time. に続ける言葉は、

It's good to see you again.

（また、お目にかかれてうれしいです）

It's nice to see you again.

（また、お目にかかれてうれしいです）

となる。さらに続けるなら、

How have you been ?（どうしていましたか？）

この三つのフレーズを、すらすらと言えるように、くりか
えし練習しよう。

Chapter 2　これだけ覚えれば大丈夫

●天候を話題にする

Lovely day, isn't it ?

（よい天気ですね）

Nasty day, isn't it ?

（ひどい天気ですね）

Awfully warm, isn't it ?

（ひどく暑いですね）

Hot, isn't it ?

（暑いですね）

会話では、It is をはぶいて、このように簡略に言うほう
が一般的である。

Chilly, isn't it ?（うすら寒いですね）

Cold, isn't it ?（寒いですね）

I'm freezing.（寒くて凍えそう）

Beautiful day, isn't it ?（よい天気ですね）

Lousy day, isn't it ?（ひどい天気ですね）

●寝る前のあいさつ

Have a good night sleep.

（よくおやすみなさいね）

Sleep tight.

（よくおやすみなさいね）

Sweet dreams.

（よい夢を見るように）

★日本語にすると、キザな感じになるものも、実際によく
つかわれている。

41

話しかける
親しみをこめて

★話しかけるときの英語は、状況によっていろいろだが、いずれにしても、親しみをこめてしゃべるのがコミュニケーションの第一歩だ。

●**注意をひきつけて**
  Excuse me sir.（ちょっと、失礼）
  Look here.（ちょっとここを見て）
  Mr. Wilson !（ウィルソンさん！）
  Hello !（こんにちは）
  See you later.（じゃ、後で）
  Good morning Mr. Iwata.
  （岩田さん、おはようございます）
  Good night my dear Mary.
  （私のかわいいメアリーちゃん、おやすみ）

★日本人は、会話の中で相手の名前を呼ぶことは、あまりないが、あちらでは、相手の名前を言って呼びかけることがよくある。この習慣も身につけておきたい。

なお学校や職場でも「〇〇先生」とか、"Good morning, president." とは言わないので気をつけよう。たとえ、社長や先生に呼びかけるときでも、"Good morning, Mr. Iwata." や "Good morning, Miss Tsuda." である。

Chapter 2　これだけ覚えれば大丈夫

●親しい相手なら愛称で

Hey, Dick !（やあ、ディック）

Look, Cathy !（見て、キャシー）

Hello, Ben.（やあ、ベン）

Hi, Bob.（こんにちは、ボブ）

Hi, Doc.（こんにちは、先生）

親しい相手は、愛称（ニックネーム）で呼ぶのがふつう。

〔男性の愛称〕　　　　　　　〔女性の愛称〕

Albert → Al	**Annette → Ann**
Anthony → Tony	**Barbara → Barb**
Benjamin → Ben	**Catherine → Cathy**
Douglas → Doug	**Christine → Chris**
Edward → Ed	**Elizabeth → Betty**
James → Jimmy	または、**Liz, Lisa**
Michael → Mike	**Margaret → Maggie**
Richard → Dick	**Patricia → Pat**
Robert → Bob	**Sandra → Sandy**
Ronald → Ron	**Suzanna → Susy**
Samuel → Sam	または、**Susie**
Thomas → Tom	**Victoria → Vicky**
William → Bill または **Will**	**Violet → Vi**

★お医者さんに呼びかける場合、改まって言うときには、Doctor～だが、親しいお医者さんなら、単に Doc. と呼びかける。博士も doctor であるが、文学博士や工学博士を、Doc. と呼びかけることはないので、注意。

43

●気配りも忘れずに

May I talk to you ?
（お話ししてもいいでしょうか）

Do you mind if I smoke ?
（タバコを吸ってもいいでしょうか）

May I leave now ?
（もう、行ってもいいでしょうか）

Am I bothering you ?
（おじゃまでしょうか）

★相手のようすや、都合をたずねるフレーズ。だれかと話
をしたいときには、まずその人の都合を聞くのが礼儀とい
うもの。タバコを吸う前に、相手の許しを得るのも、今日
では、当然のマナー。

　ほかにも、気配りを示す言葉がある。

Aren't you cold ?（寒くありませんか）
私の経験では、アメリカ人は屋内や屋外で、相手が、寒が
っているか、暑がっているか、快・不快を聞く配慮をもつ
人が多い。

Do you feel all right ?（大丈夫ですか）
相手の顔色や様子から、「変だな」と思えるときがある。
そんなときは、やはり、こんな思いやりのある言葉をかけ
てあげたい。

Are you having a good time ?（楽しんでますか）
パーティーの主催者などは、このようにたずねて、すべて
の参加者がパーティーを楽しめるように気を配らなければ
ならない。

44

Chapter 2　これだけ覚えれば大丈夫

●困っている人を見かけたら

Can I help you ?（お困りですか）

What can I do for you ?

（何か、いたしましょうか）

Do you need some help ?

（お手伝いいたしましょうか）

　困っている人を見かけたときに、話しかける言葉。店員などが、客に話しかけるときにもつかう。

●大切なことを話したいとき

I'm dead serious.

（私は真剣です）

I trust you.

（あなたを信用します）

Believe me.

（私の言うことを信じてください）

★特に大切な話をしようとするときにつかう言葉。ほかに次のようなものがある。

I'm not joking.（冗談を言っているのではありません）

I have something important to tell you.

（あなたに、大切なお話があります）

Please listen to me carefully.

（気をつけて、私の話を聞いてください）

This is just between you and me.

（これは、ほかにもらさないでください）

45

すすめる
やさしく、ときには強く

★人に何かをすすめる場合にも、ソフトな言い方から、強い言い方まで、いろいろなパターンがある。

● 丁寧なすすめ方

Sit down, please.
(どうぞ、おかけください)

Have a seat, please.
(どうぞ、おかけください)

Please help yourself. (ご自由にお取りください)

Please make yourself at home.
(どうぞ、おくつろぎください)

★人に何かをすすめる一番簡単な言葉が、please である。

● …はどうですか?

please をつけるだけよりも、もう少しソフトな言い方が Would you like…? である。

Would you like some more coffee ?
(コーヒーを、もう少しいかがですか)

Let's… も、「一緒に…しようよ」という気持ちをこめた誘い、もしくは提案の言い方。

Let's take a break. (ひと休みしようよ)

46

Chapter 2　これだけ覚えれば大丈夫

shall we…? も誘いの言葉。

Shall we dance ?（踊りましょうか）

●…はどう？

How about a drink ?

（一杯、どう？）

Why don't you come with me ?

（一緒に行こうよ）

Why don't we have lunch together sometime ?

（そのうち、一緒に昼食でも、どう？）

★親しい者同士のもうちょっとくだけた誘い方が、How about…？や Why don't…？。これらは、仲間うちの言い方だから、目上の人にはつかえない。

● What do you say to…?

このように言ったからといって、「あなたはどう？」とたずねているのではない。「…はどう？」という、やはりあまり堅苦しくない誘いの言葉。

What do you say to drinking out tonight ?

（今夜、一杯飲みに出るってのはどう？）

●強くすすめるとき

命令に近いかたちで、強くすすめるときは、had better をつかう。

You'd better stop drinking.

（酒は、止めたほうがいいよ）

47

頼む
いろいろな依頼

★人にものを頼むときは、当然丁寧な言い方になる。それに対する対応の言葉も覚えよう。

● お願いがあるんですが…

Will you do me a favor ?
（ちょっと助けてもらえますか）
May I ask you a favor ?
（お願いがあるんですが）
Can I ask you a favor ?
（頼みがあるんだけど）

人にものを頼むときの言い方としては、これが最も一般的なものである。親しい仲なら次のように言ってもよい。

I'd like you to do something for me.
I wonder if you can do something for me.
（ちょっと、頼みがあるんだけど）

● 連絡してください

Get in touch, please. （連絡してください）
Please call me tomorrow. （明日、電話してください）
Let's talk it over on the phone later.
（後で、それについて電話をしましょう）
Drop me a line, please. （手紙をくださいね）

Chapter 2　これだけ覚えれば大丈夫

●伝言を頼む

伝言は、message。それを「伝える」は、send または、give をつかう。

Please send（give）**this message to him.**
（この伝言を彼に伝えてください）

Would you like to leave a message ?
（何か、ご伝言がありますか）

用件を聞かれたときの答え方としては、

No thank you, I'll call him later.
（いや、いいです。後で電話をします）

Say hello to him for me.（よろしく言ってください）

●どうぞ、なんなりと

Yes, certainly.（どうぞ、なんなりと）

Of course. I'll be glad to.
（もちろん、喜んで）

Sure.（もちろん）

OK.（いいとも）

★依頼に対する答え方の例である。返事は、こちらの熱意の程度によって違ってこよう。

I'll do my best.（最善を尽くします）

I'll try.（やってみましょう）

I'll try, but…．（やってはみますが、でも…）

I wish I could, but…．（できればいいんですが、でも…）

but の後には、相手の意向にそえない言い訳がつくことになる。

49

別れる
Bye-bye は幼児語

★別れの言葉も、状況によっていろいろ。最もポピュラーな good-by（good-bye）は、God be with you.（神が汝とともにあらんことを）の短縮形だという。

● バイバイは bye-bye
Bye-bye.（バイバイ）
Good by.（さようなら）
So long.（さようなら）
Now I must say good by.（お名残りおしいのですが）
I'm afraid I have to go now.
（もうおいとましなくちゃなりません）

Good by. が、最もポピュラーで、誰に対してもつかえる。Bye-bye. はその幼児語で、若い大人もつかう。もちろん改まったあいさつではない。So long. は、Good by. と同じようにつかうが、Good by. よりいくらかくだけたニュアンスである。

● じゃ、また…は、See you….
See you. は、I'll see you. が縮まったもの。日本語の「じゃ…」「それじゃ…」にあたる。
See you.（じゃあね）
See you later.（じゃ、後で）

Chapter 2　これだけ覚えれば大丈夫

See you around.（じゃ、そのうち）

See you again.（じゃ、また）

See you sometime.（いつかまた）

See you next week.（じゃ、来週）

いずれも一般的な別れのあいさつだが、フォーマルとは言えない。いくらか儀礼的に言うなら、次のようになる。

Let's meet again soon.

Let's get together again soon.

（近いうち、お会いしましょう）

● **Have a nice…**

Have a nice…は、「よい（すてきな）…をね」という感じの別れのあいさつ。

Have a nice day.（楽しい日を）

Have a nice trip.（よい旅を）

Good luck !（かんばって）

Take care,（気をつけてね）

★「よい旅を」と旅行に出かける人を送るあいさつは、フランス語の Bon voyage.（ボン　ヴワヤージュ）もよくつかわれる。

●**もう行かなきゃ**

I've got to go now.（さあ、もう行かなきゃ）

have got to…は、have to…と同じ意味だが、have got to のほうが強い言い方だ。次のように言うこともある。

I'd better be on my way.

51

感謝する
心をこめて

★礼を言うときの基本的な言葉は thank you。しかし、日常会話では、ほかにも、いろいろな「ありがとう」がつかわれる。

●いろいろな「ありがとう」
  Thank you.（ありがとう）
  Thanks a lot.（どうも、ありがとう）
  I'd appreciate it very much.
  （とても感謝しています）
  I'd appreciate that〜.
  （〜をとても感謝しています）
  I don't deserve it.（そんなに、よくしていただいて、私にはそれを受ける資格がなくて…）
  it's so nice of you to〜.（〜してくださって、本当に、ご親切に…）

★thank you と thanks では、thanks のほうが、くだけた言い方と言える。改まった場では、thank you や thank you very much と言ったほうが無難。
　ちなみに、ただの「ありがとう」に「どうも」をつける場合、thanks には、a lot をつけ、thank you には very much でなければならない。

52

Chapter 2 これだけ覚えれば大丈夫

●援助・協力に対して

Thank you for helping me.

（手伝ってくださってありがとう）

Thank you for your kindness.

（ご親切、ありがとう）

Thank you for inviting me.

（ご招待、ありがとう）

Thanks for calling.

（電話をありがとう）

★感謝の気持ちを伝えるのに、「ありがとう」だけでは足りない場合がある。そんなときは、thank you for〜.と、for の後に、あなたが感謝している内容を言えばよい。

Thank you for giving me a ride.

（車に乗せてくださって、ありがとう）

Thank you for taking your time.

（忙しいのに時間をさいてくださって、ありがとう）

Thank you for telling me the truth.

（本当のことを話してくれて、ありがとう）

Thanks for stopping by.

（立ち寄ってくれて、ありがとう）

―――― 日本文化を English で③ ――――

茶道

Tea ceremony. It is the ceremonial form of serving tea according to strict rules which regulate the manner in which the tea in prepared and drunk.

53

わびる
アイアムソーリー
ばかりでなく

★はっきり、自分に非がある場合は、すなおに謝ること。
いくつかの言い方を覚えておきたい。

● 「ごめんなさい」も、はっきりと

I'm sorry.
（ごめんなさい／すみません）
I apologize.（おわびします）
I'm very sorry.
（本当に、すみません）
I'm so sorry.
（本当に、すみません）
I'm terribly sorry.
（本当に、すみません）
I'm awfully sorry.
（本当に、すみません）

★very や so よりも、terribly や awfully のほうが、より
強い意味を持つ。また、I'm sorry. よりも、I apologize. の
ほうが、本当に悪いと思ってわびている表現になる。
　なお、Excuse me. や、Pardon me. は、人の前を横切っ
たり、人にぶつかったりしたときに、「あ、失礼」「ちょっ
と、失礼します」という意味でつかう。

Chapter 2　これだけ覚えれば大丈夫

●もう一つの I'm sorry

　I'm sorry. は、「ごめんなさい」という意味を表すだけではない。同情の気持ちを表すときにもつかわれる。これを知らないと、言われたことがわからず、チンプンカンプンになってしまうので、注意しよう。

I'm sorry to hear that.
（そう聞いて、お気の毒に思います）
I'm sorry you couldn't come.
（あなたがお見えにならなくて、残念でした）

　少し変えて、feel sorry にすると、次のような意味になる。

I feel sorry for him.
（彼のこと、かわいそうに思います）
sorry about that.
（悪かったな）※皮肉的に
Please accept my deepest sympathy.
（心からおくやみ申し上げます）
I don't need sympathy.
（同情は要りません）

意見を述べる
はっきり言おう

★確信のあるとき、ないとき、あるいはその中間と、意見を述べる場合も、言葉をつかい分けなければならない。そうしないと、思わぬ誤解をまねくこともある。

● **確信があるとき**
  I know〜.
  (〜だということを知っています)
  I'm positive. (絶対に)
  I'm sure. (確かです)
  I'm certain. (確かです)
  I swear to〜.
  I swear that〜.
  (〜と神かけて誓います)

● **〜ではないかと思うとき**
  I think〜. (〜と、思います)
  I know〜. (〜だと知っています)
  I believe〜. (〜と、たしか思います)
  I think I can say〜. (〜と言えると思います)

● **100パーセント確かというわけではないとき**
  I imagine〜.
  (〜ではないかと、思います)
  I guess〜.

Chapter 2　これだけ覚えれば大丈夫

（〜ではないかと、思います）

I suppose〜.

（〜ではないかと、思います）

以上を、確信の度合いに応じてつかい分ける。

●**どっちとも言えないとき**

I wonder if〜.（〜かしら）

I hope so.（そうあればいいと思います）

I hope.（〜だといいと思います）

I understand〜.（〜だと聞いています）

I hear〜.（〜だと聞いています）

●**確認の言葉**

Are you sure that〜?

（〜とは確かですか？）

Are you positive that〜?

（〜とは確信を持っていえますか？）

You are not sure, are you?

（あまり確信を持って言えないんじゃないですか？）

Do you really think that〜?

（本当に〜と思いますか？）

Can you guarantee that〜?

（〜ということを保証できますか？）

★以上が「私はこう思う」というときにつかわれる表現だが、日本語を思い浮かべると think ばかりを連発しかねない。状況に応じた言葉を選ぶと表現がグッとアップする。

57

賛成する
So〜I もつかって

★賛成や共感の意思表示にもいろいろある。ただ Yes, Yes, Yes をくり返さないように、いろいろな言い方を、自分のものにしよう。

●賛成・共感

I agree with you.（同感です）
I'm with you.（同感です）
You're right.（あなたの言っていることは、正しいですよ）
Suits me.（それでいいです）
That's fine.（それでいいです）
I have no objection.（異存はありません）
I know what you're talking about.
（あなたのおっしゃること、わかります）
I know what you mean.
（あなたのおっしゃること、わかります）
True.（本当ですね）　**Exactly.**（そのとおり）

●強い賛成の意思表示

That's exactly my point.
（それはまさに私が言いたいことです）
That's just what I was going to say.
（それこそ、私が言おうとしたことです）

● So〜I の言い方

Chapter 2　これだけ覚えれば大丈夫

★共感を表すのに便利な、決まった言い方がある。慣れて、早く自由につかえるようになりたいもの。

　たとえば、I like Italian food very much.（私はイタリア料理がとても好きです）と相手が言った場合、「私も好きです」と答えるのに、I like it too. と言うかというと、そうでもない。So do I. これでよい。

★次に I am a student、（私は学生です）と相手が言ったとき、「私もそうです」と答えるのに、I am a student too. ではなくて、So am I. と答える。動詞が be 動詞ならば、So am I. や So was I. 一般動詞ならば、So do I. とか So did I. となる。

　例をもう少しあげてみよう。

A：I went to Hiroshima last week.
　　（私は、先週、広島へ行きました）
B：So did I.（私もです）

A：I was so happy to see Mr. Yamamoto.
　　（山本氏に会えて、とてもうれしかった）
B：So was I.（私もです）

A：I love jazz.（私はジャズが好きです）
B：So does my brother.（私の弟もです）

A：My mother calls me every day.
　　（私の母は、毎日電話をかけています）
B：So does my mother.
　　（私の母もです）

59

反対する
TPOに合わせて
つかい分け

★反対の意思表示を英語でする一番の近道は No。しかし、いつも No では困る。いろいろな状況、TPO に合った No を覚えておくほうがよい。強い反対や拒絶、やんわりとした反対、さらに断りの意思を伝える場合と、それぞれつかい分けしよう。

●反対の意思表示

I don't think so.
(私はそう思いません)

I don't agree with you.
(私は同意できません)

I'm against your opinion.
(あなたの意見に反対です)

I doubt it.
(そうではないと思います)

●やわらかい反対

I'm afraid I have to disagree with you.
(悪いけど、賛成できません)

I'm not sure about that.
(そのことについて確信を持てません)

Well, I don't know about that. (よくわかりませんね)

Chapter 2　これだけ覚えれば大丈夫

●非難の気持ちをこめて

Objection！（反対！）

I don't know what you're talking about.

（あなたの言っていると、理解できません）

It doesn't make sense.

（それは、理屈に合わない）

You are out of your mind.

（正気でそんなこと、言っているのか）

●断りの意思表示

I don't want to do～.（～したくありません）

I can't～.（～できません）

No thank you.（いえ、結構です）

I'm afraid I can't go.

（悪いけど、いけないと思います）

I'm afraid I don't like it.

（悪いけど、それは好きではありません）

　I'm afraid をつけると、つけない場合より断るにしても、やわらかくなる。

●許しを乞う

I have no excuse.（言い訳のしようがありません）

I promise I won't do that again.

（もう二度としないと約束します）

Please forgive me.（どうぞ許してください）

Could you forgive me？（許してくださいますか？）

I was wrong.（私が間違っていました）

61

祝う
いろいろの「おめでとう」

★卒業、結婚、昇格など、「おめでとうございます」は、Congratulations!でよい。ただし、日本語で同じ「おめでとうございます」だからといって、お正月やクリスマスに、Congratulations!とは言わないように。

● ふつうの「おめでとう」
  Congratulations!
  (おめでとうございます)
  Toast! (乾杯!) **Cheers!** (乾杯!)
  Salute! (健康を祈って乾杯!)
  To your health! (健康を祈って)
  Here's to you! (あなたのために)

★「おめでとう」の意味をこめた「乾杯!」もいろいろある。なお、乾杯の音頭をとる人は、まず次のように言おう。
  I'd like to propose a toast.
  (乾杯の音頭をとらせていただきます)

● 祝日・記念日の「おめでとう」
  Happy New Year (新年、おめでとうございます)
  Merry Christmas! (クリスマス、おめでとう)
  Happy birthday! (誕生日、おめでとう)

Chapter 2 これだけ覚えれば大丈夫

★お正月を祝う言葉は、Happy New Year！ただし、気を
つけたいことは、日本では、1月1日と、そのあと数日に
わたって「おめでとうございます」と言うが、あちらでは
違うことである。あちらの人が、Happy New Year！とい
うのは、クリスマスの頃から1月1日まで。1月1日でさ
え、あまり Happy New Year！と言わないようである。

★New Year's Eve 大晦日の午前零時、年が明けたとたん、
それまでドンチャン騒ぎで飲んでいた（それがあちらの習
慣）人々が、いっせいに Happy New Year！と叫び合うが、
一度明けた1月1日は、もう「おめでとう」を連発する日
ではない。そして仕事始めは2日から。

★クリスマスも、日本とアメリカなどではかなり習慣が違
う。あちらでは、12月初旬から25日まで Merry Christmas！
と言い合うが、クリスマスが過ぎてしまうと、ピタリと言
わなくなる。クリスマスパーティーは、12月に入ってから
12月24日以前にあちこちで催される。そして、クリスマス
のごちそうを食べるのは12月25日、プレゼントを開けてみ
るのも25日の朝、というのがポピュラーなのである。クリ
スマスパーティーでクラッカーを鳴らしたり、テープを飛
ばしたり、イヴにチキンやクリスマスケーキを食べたり、
これらは、みんな“日本式”。あちらでは、通用しない。

★なお、アメリカ合衆国には、約600万人のユダヤ系アメ
リカ人がいる。これらの人々が信じているのは、キリスト
教ではなくユダヤ教であり、祝日もクリスマスではなく、
Hanukkah（ハヌカ）である。いき届いた心づかいをしよ
うと思ったら、この点にも注意すべきだ。ユダヤ系アメリ
カ人はこの季節、Happy Hanukkah というあいさつを交す。

63

あいづちを打つ
ケース・バイ・ケースで

★あいづちは慣れである。あいづちそのものは、短く、簡単だが、どんな場合でも、どれをつかってもあてはまるというわけではない。ケース・バイ・ケースでつかい分けなければならない。

● 肯定のあいづち
　Yes.（そうですね）
　Of course.（確かにそうですね）
　Sure.（確かにそうですね）
　Exactly.（本当にそうですね）
　Yes, indeed.（ええ、もちろん）
相手の意見を肯定したり、賛成の意思表示につかう、あいづちの言葉。Yes ばかりをくり返さないように。

● 不確実・疑念のあいづち
　Well…（さあ…）
　Oh, I don't know…
　　（さあね…／どうだか…）
　I doubt it.（どうだかな）
　Really?（本当ですか？）
　Maybe.（そうかもね）
　Is that a fact?（本当ですか？）

Chapter 2　これだけ覚えれば大丈夫

●驚いたとき

Hey, great !（そいつぁ、いいや／よかったなあ）

Wow !（うわっ）

All right.（結構だ！）

Oh no !（やだっ／だめだあ／あれぇ）

Gee !/Gee whiz.（おや／へえっ／おやまあ）

★All right は、right の部分を上げるように、発音に注意。
　Oh no! は、よくないときにつかう。Oh dear.（あーあ／
やれやれ）も同じ。Golly（おやまあ）もあまりよくない
ときにつかう。

★次のフレーズは、いずれも「うわぁ／あらぁ／あーぁ／
やだぁ／あれあれ」という意味でつかわれる。

God almighty !

Oh my God !

Oh God !

Jesus !

For heaven's sake !

My goodness !

Jesus Christ !

Christ almighty !

＝＝＝＝＝＝＝＝＝＝ 日本文化を English で④ ＝＝

活け花

　Japanese flower arrangement which is an art. It
greatly fostered by Buddhism.

65

話をつなぐ
自然に言えれば
かなりの実力

★話がとぎれたとき、あるいは日本人が「えーと」と言う場合、この英語が自然に出るようになったら、もうしめたもの。あなたの英語もかなりの実力である。

●話をつなぐとき
　Let me see.（えーと）
　Let's see.（えーと）
　What was it ?（なんだっけ）
　Where was I ?
　（何を話していたんだっけ）
　Ah…（あの…）
　Well,（さて／じゃあ／それで）
　What was it called ?（なんて言ったっけ）
　What was I going to say ?（何を言おうとしていたんだっけ）

★つなぎの言葉、間を保つ言葉は、単語自体は簡単であるから、それをいかに「くせ」として身につけるかが大切。英会話教室などでも、質問に答えるとき、多くの人は日本語で「えーと」「なんだっけ」などと言ってから答えるが、そんな場合も、きちんと英語で「えーと」を言うようにしたい。

Chapter 2　これだけ覚えれば大丈夫

●話を変えたいとき

By the way,（それはさておき）（ところで）

I just remembered something.

（ちょっと、思い出したんですが）

Let's change the subject.

（話題を変えましょう）

●相手が理解したかを確かめるとき

Do you know what I mean ?

（私の言っている意味、わかりますか）

Do you know what I'm saying ?

（私の言っていること、わかりますか）

Are you following me ?

（これまでのところ、わかりますか）

Do you know what I am talking about ?

（私が何を話しているか、わかりますか）

Are you with me ?

（私の言うこと、ちゃんと聞いてる？）

●「〜などなど」と言うとき

and so on.

and so forth.

and all that jazz.

and et cetra.

and bla bla bla.

★日本語でもよく使われる et cetra は、実はラテン語で、
外国人も会話の中にとりいれている。

67

承諾する
OKだけでは
バカにされる

★OK.は、もちろん承諾の意思表示。でも、いつもいつもOK.では困る。ときにはくだけた「いいとも」や、改まった「承知しました」も必要だ。

●ふつうの承諾
 Sure.（いいとも）
 OK.（オッケー）
 All right.（わかった）
 Okeydokey.（いいとも）
 Yes sirree.（いいとも）

★相手の依頼に対して「いいとも」という返事には、OKやAll right. Sure.などが一般的だが、親しい仲間うちでは、アメリカ口語独特の言い方をすることもよくある。
★「オーキードーキー」Okeydokeyもその一つ。「オーキードック」Okeydokeとも言う。意味はOK.とまったく同じ。似たようなもので、All right.と言うところを、アメリカ人は、よくAll righty「オールライティ」と言う。日本語の「オッケー」に近い感じだ。
★Yes sirree.もアメリカ口語独特の軽い表現。「イェッサリー」と発音する。sirreeはYesを強調する言葉で、「そのとおり」の感じ。Noの後につければ、「とんでもない」

Chapter 2　これだけ覚えれば大丈夫

のニュアンスになる。

★ただし、これらのくだけた言葉は、親しい間だけでつか
うべきもの。先生とか上司と話すときは、つかわない。

● Why not…?

Why not…? は、直訳すれば、「なぜ…しない？」「なぜ
いけない？」だが、口語では、OK, あるいは、all right. と
同じに用いる。相手の提案に同意して、「よかろう」とか
「そうしよう」「いいんじゃない」の意味。

Let's have lunch. （お昼ごはん食べよう）

Why not ? （よし食べよう）

●改まった同意

仕事上のことなどの場合は、少々改まった言い方をしな
ければならないこともある。

Certainly.

（承知しました／よろしゅうございますとも）

I'd be glad to.

（承知しました／よろしゅうございます）

I'll accept your offer.

（お申し出の件、承知しました）

★子供でもつかえる OK. では、こと足りない場合もある
わけで、そんなとき、ここにあげた表現が必要になってく
る。ほんとうに承知したのかどうか相手は知りたいと思う
場合がある。

★また、日常会話でのくだけた言い方は、知っていてつか
うと相手に親しみの心を抱かせることができるというもの。

69

拒否する
相手の気持ちを考えて

★申し出を断るのは、日米ともに気をつかうところ。相手の感情を傷つけたり、怒らせてしまわないように、丁寧にやわらかく断る言い方をぜひ、身につけておきたいもの。

● 申し出を断る

　Thank you, but unfortunately I have to go to～on that day、(ありがとうございます。しかし、運悪く、その日は、～へ行かねばなりません。)

　I'm afraid I won't be able to～
　(残念ながら～できないと思います)

　I'm sorry but I have to work on that day. Thanks anyway. (残念ですが、その日は仕事なんです。ともあれ、誘ってくださってありがとうございます。)

　No thank you. (いいえ、結構です。)

　No thank you. I had too much.
　(いいえ、結構です。すっかり食べ(飲み)すぎてしまいました。)

　I'd like to say 'yes' but…
　(ハイと言いたいのですが…)

● 強く拒否する

　Cut it out！(やめろ)

70

Chapter 2　これだけ覚えれば大丈夫

No way.（だめだ）

Absolutely not.（絶対にだめ）

No, I don't want to !（したくないよ）

No, I can't.（できない）

No, I don't need it !（そんなの、必要ない）

I say no !（いやだよ）

★相手を怒らせてもいいくらいのつもりで言う拒否の言葉。大きな声で言うだけでも、「イヤ」の気持ちを伝えられるだろう。

●気がすすまないとき

I don't feel like going there today.

（今日は、なんとなく、そこへ行きたくない気分だ）

I don't feel like it.

（なんとなくその気になれない）

I don't feel like drinking tonight.

（今夜は、なんとなく、飲む気になれない。）

★なんとなく、気がすすまないときは、don't feel like to ～をつかおう。

日本文化を English で⑤

のれん

Short curtains displayed at the entrance of shops, Japanese-style bars and restaurants.

71

決まり文句
覚えてしまおう

★あくび、くしゃみ、はたまたトイレに行きたくなったとき、黙っていては失礼になるとか、間が持たないとか、不自然だとかになることがある。

そんな場合の決まり文句のような英語も知っていなければならない。

● あくびをしたら

Oh, excuse me. That's not a company.

（失礼。お気になさらないでください）

できれば、あくびはこらえたいもの。でも、出てしまったら、仕方がない。こう言って、その場をとりつくろうのが一番無難。

これを、日本語に訳すと、「あ、失礼。いま、あくびをしたのは、あなたという一緒にいる仲間が退屈な人だから、あくびをしたわけではないのです」となる。この意味を覚えていても仕方がない。いざというときにサッとこの言葉が出るようにすることが大切だ。ちなみに、あくびは、英語で、yawn。

● くしゃみをしたら

★くしゃみの音を日本語では、「ハクショーン」と表現するが、英語では、「ahchoo（アハチュ）」と表現する。全然違う音であることがおもしろい。

Chapter 2　これだけ覚えれば大丈夫

★人が、ahchoo と、くしゃみをしたら、あなたは、すかさず Bless you. と言ってあげよう。Bless you. は「あなたにご加護を」という意味。なぜ、そんなことを言うのかと、掘りさげて研究する必要はない。そういう習慣であるということを知っておいて、Bless you. と言えばよいと私は思う。英語で、くしゃみは、sneeze。

● トイレに行きたくなったら

Excuse me, I'll be right back.
（失礼。すぐにもどってきます）
Excuse me, I'm going to powder on my nose.
（失礼して、お化粧をなおしてきます）
Excuse me, I have to comb my hair.
（失礼して、髪をなおしてきます。）

★一番切実な（？）生理的現象、トイレに行きたくなった場合も、黙って席を立ったり、その場を離れたりしないこと。上にあげた言葉を、TPO に合わせて選べばよい。ただし、最初の言葉は、男女ともにつかえるが、2番目、3番目は女性に限ってつかわれるので、注意。

73

たずねる
いろいろな質問

●都合を聞く

Are you busy tomorrow ?
(明日時間ありますか？)

Are you free tonight ?
(今夜、あいていますか？)

Are you busy next Sunday ?
(次の日曜日、おひまですか？)

When should I call you ?
(いつ、電話したらよいでしょうか？)

What are you doing this weekend ?
(今週末、あなたの都合は？)

★人と関わって行動する場合、相手の都合を聞くのは、東西、共通のマナー。ほかの例も、あげておこう。

Do you have anything to do tomorrow ?
(明日、ひまですか)

When is a good time for you to come ?
(どの日が、いらっしゃるのに都合がいいですか)

How about coming over to my house this weekend ?
(今週末、私の家にいらっしゃいませんか)

Where shall I meet you ?
(どこで、お会いしましょうか)

Chapter 2　これだけ覚えれば大丈夫

What time shall I pick you up ?
（何時に車でお迎えに行きましょうか）

●理由・考えなどを聞く
What's the reason ?（その理由は何ですか？）
What caused it ?（何が原因ですか？）
What do you think ?（どう考えますか？）
What's your opinion ?（あなたのご意見は？）

★たずねる内容によって、質問の仕方が違う。いろいろな
言い方に慣れておこう。
Why did you do that ?
（なぜ、そんなことをしたんですか）
Tell me what you think please.
（あなたのお考えを教えてください）
Would you explain that to me ?
（それを説明してくださいますか）
Please explain.（説明してください）
Explain why you told me a lie.
（なぜ私に嘘をついたか、説明しなさい）
How was it ?（結果は、どうでした）
How did it turn out ?
（どんなふうに、結果が出ましたか）
How did it come out ?
（どのようになりましたか）
How come you to say that ?
（どういうわけでそんなことを言うのか）

75

電話の応対
勇気を出して

★電話の英語は難しいと言われる。それは、相手の表情が見えないこと、声が対面して話すときよりも、小さく聞こえることなどによるだろう。初めてのうちは怖いものである。しかし、怖がってばかりいたのでは進歩はない。思い切ってぶちあたってみよう。そして、聞こえない、わからないときは、はっきりそう言うことである。

● 「もしもし」から
Hello this is～.
（もしもし、こちらは～です）
Hello this is～speaking。
（もしもし、こちらは～ですが）
May I speak to Mr.～please ?
（～さんをお願いします）
I'd like to make a collect call.
（コレクトコールをお願いします）
Extention one two three please.
（内線123をお願いします）

● 電話をかける
I'll call later.
（あとで、お電話します）

Chapter 2　これだけ覚えれば大丈夫

Would you take a message please ?
（伝言をお願いします）

Would you ask Mr.〜to call me please.
（電話をくださるよう、〜さんに伝えてください）

Can you hear me ?
（私の声が聞こえますか）

My phone number is one-two-three, four-five-six-seven.
（私の電話番号は123-4567です）

●電話を受ける

Who is this calling please ?（どちら様ですか）

One moment please.（少しお待ちください）

〜is out now.（〜は、いま、外出しております）

I'm sorry, you have the wrong number.
（番号違いです）

I'm sorry but I can hardly hear you.
（申しわけありませんが、ほとんど聞こえません）

Hold the line please.（そのまま、お待ちください）

May I have him call you back ?
（こちらから電話をさせましょうか）

I'll tell〜that you called.
（〜にお電話があったことを伝えましょう）

He is on the other line now.
（いま、ほかの電話に出ております）

ほめる
ときにはオーバーに

★ほめる、あるいは外交辞令ともいえるいい意味のお世辞は、日本人は欧米人と比べてあまり言わないようである。日本人だからそれでいい、というわけにはいかない。ときには、少々オーバーかなと思えるぐらい、人や物をほめることも必要である。

● 女性をほめる

You look gorgeous today.
(今日は、とびきり素敵だよ)
You look good in red.
(赤い服がよく似合いますね)
Oh you smell good.
(ああ、君はよい香りがする)
That's a good looking dress you're wearing.
(その服、素敵ですね)

★女性は若い女性だけをほめる、と思っている日本人が多い。欧米では、おばあちゃんでも女性は女性、ちゃんとほめていい気分にさせるのも外交辞令。そして、友人の奥さんをほめることも忘れないように。

You look quite attractive today.
(きょうは、とても魅力的ですね)

78

Chapter 2　これだけ覚えれば大丈夫

●男性をほめる

That's a good looking tie.（そのネクタイ、素敵ですね）

You have a beautiful car.（いい車をおもちですね）

Your wife is attractive.（奥さん、魅力的ですね）

★男性は、女性に比べて、ほめ言葉が少ない。いいと思ったら、スーツ、コート、カフスボタン（cuff links）などを、ほめればよい。

●料理や家族をほめる

You're a good cook.（お料理、上手ですね）

Your wife is a good cook.

（奥さん、料理が上手ですね）

Boy, it tasts so good.（あ、おいしい！）

Oh I love〜.（〜が、私は大好きなんです）

Mmm…smells good.

（うーん、おいしそうなにおいだ）

Oh, everything looks so good！

（わあ、どれもこれも、おいしそうだな）

Your mother is nice.

（いいお母さんですね）

Your father has a nice hobby.

（お父さんは、いい趣味をおもちですね）

You have a good looking son.

（ハンサムな息子さんですね）

Your baby is cute.（かわいい赤ちゃんですね）

Your baby is a darling.（かわいい赤ちゃんですね）

79

感じる
正確に伝えたい

★私たちは、病気になるかもしれないし、どこかが痛いことだってある。そんなときの表現も、基本的なところは、知っていたいもの。

● 痛さの表現

I have a headache.（頭痛がする）

I have a splitting headache.
（頭が割れそうに痛い）

I have a toothache.（歯が痛い）

I have a stomachache.（胃が痛い）

I have a sore throat.（のどが痛い）

★体のどこかを、ぶつけたりして「あ、痛い」というのは、Ouch!「〜が痛む」「〜が痛い」は、〜hurts.や〜is painful.をつかう。

● いろいろな症状の表現

My stomach is upset.（胃がムカムカする）

I have a runny nose.（鼻水が止まらない）

I don't feel well.（気分が悪い）

I threw up.（吐いた）

I'm allergic to〜.（〜に対してアレルギー性です）

Chapter 2　これだけ覚えれば大丈夫

I have a cold.（風邪をひいている）

I have a flu.（流感にかかっている）

I have a diarrhea.（下痢をしている）

I have constipation.（便秘をしている）

I feel dizzy.（めまいがする）

My back itches.（背中がかゆい）

He is in coma.（彼は昏睡状態です）

She passed out.（彼女は失神した）

I feel chilly.（寒気がする）

●疲れなどの表現

I'm tired.（私は疲れた）

I'm dead tired.（私はくたくたに疲れた）

I'm exhausted.（私はくたくたに疲れた）

I'm pooped.（私はくたくたに疲れた）

I'm dead.（私はくたくたに疲れた）

I'm hot.（暑い）

I'm cold.（寒い）

I'm freezing.（寒くて凍えそうだ）

I sweat.（汗をかいた）

I perspired.（汗をかいた）

I'm thirsty.（のどが渇いた）

I'm hungry.（空腹だ）

I'm starved.（おなかがペコペコだ）

★病気以外の体の調子、状態の英語は簡単なものばかり。
学校で教わらなかった言葉も、日常よくつかわれている。

81

感情を表す
ヴィヴィッドに伝える

★喜怒哀楽など、さまざまな感情を表現する言葉。正確に自分の気持ちを相手に伝えられれば、ほとんど一人前！

● 喜ぶ
  That's great !（すごい！）
  I'm so happy.（すごくうれしい）
  I'm glad.（よかった）
  I'm satisfied.（満足している）
  I'm lucky.（私は幸運だ）

★「～して、うれしい」は、I'm glad to～. たとえば、I'm glad to hear that.（それを聞いて、うれしい）
　また、「～できて、運がよかった」は、I'm lucky～.

● 楽しむ
  I'm having a good time.（楽しんでいます）
  I'm having a lot of fun.（楽しんでいます）

● 怒る
  I'm angry.（怒っている）
  I'm mad.（怒っている）
  I'm furious.（激怒している）

82

Chapter 2　これだけ覚えれば大丈夫

I can't stand it anymore.（もう我慢できない）

I'm irritated with〜.（〜のことでイライラしている）

I blow up.（腹を立てる）

★怒りの感情に関連する文例を、いくつかあげておこう。

She is in a bad mood.（彼女は機嫌が悪い）

She is a moody person.（彼女はむら気な人だ）

He is touchy.（彼はちょっとのことですぐ怒る）

She goes hysterrical.（彼女はヒステリックになる）

He is short-tempered.（彼は短気で怒りやすい）

●悲しむ

I'm depressed.（気が滅入る／落ち込んでいる）

I feel blue.（気が滅入る／落ち込んでいる）

I have the blues.（気が滅入る／落ち込んでいる）

How sad !（なんて、悲しいこと）

That's too bad.（それは残念だ／それは困ったことだ）

I'm lonesome.（さびしい）

I miss〜.（〜がいなくて、さびしい）

I'm alone.（孤独だ）

★他に悲しみの感情に関連する文例。

She is crying.（彼女は泣いている）

I'm upset.（気持ちが動揺している）

●驚く

Dear me !（あらまあ）

83

My goodness！（あ〜あ！）

Oh, I'm so surprised.

（ああ、驚いた）

That surprises me.

（そいつは、驚きだ）

That amazes me.

（そいつは、驚きだ）

★人が驚く場合、喜びや幸せで驚く場合と、悲しみや恐怖で驚く場合がある。surprise という言葉も、つかい方しだいで、どちらの場合にもつかえる。関連する文例をあげておこう。

Did I surprise you？（驚かせちゃったかな？）

Don't be surprised no matter what you hear.

（何を聞いても、驚くなよ）

To my surprise,（驚いたことには）

I have a big surprise for you.

（あなたをびっくりさせる、いいことがあります）

I'm amazed that you are here today.

（あなたが、今日、ここにいることに驚いています）

surprise party というのは、本人には知らせず、友達が誕生日のためなどにしてあげるパーティーのこと。

●感動する

I was moved.（私は感動した）

I'm excited by〜.（〜に興奮する）

I was vary impressed〜.（私はとても〜に感動した）

84

Chapter 2　これだけ覚えれば大丈夫

●退屈する

I'm bored.（退屈だ）

I'm bored to death.

（退屈で死にそうだよ）

The movie was a perfect bore.

（その映画はまったく退屈だった）

That's a boring story.

（それは、退屈な話だ）

★関連する文例としては、次のようなものがある。

I have nothing to do.（何にもすることがない）

That's a boring place.（それは、退屈な場所だよ）

●非難する

What a shame !（なんと、恥ずかしいこと！）

Nonsense !（非常識だ！）

He is obnoxious,（彼は、いやなやつだ）

★そのほかの非難・悪口の例をあげるが、実際の会話には
あまりつかわないにこしたことはない。

She is mean.（彼女は、意地悪だ）

She is vicious.（彼女は、悪疎な女だ）

She is vulgar.（彼女は、下品だ）

★悪態をついたり、ののしったりする英語には、「卑語」、
つまり正式の場にはふさわしくない、下品とされる表現が
多い。また、男性が言った場合は驚かなくても、女性が同

85

じことを言うと、品位・教養を疑われる英語の表現も少なくないから、知っていてもよいがなるべくつかわない、あるいは気をつけて時と場所を考えて言うようにしたい。

Go to hell !（死んじまえ！）

Hell ! Heck !（知るもんか！）

Hell with it !（him, her, them etc）（知るもんか！）

Son of a gun !（畜生！ くそったれめ！）

Son of a bitch !（畜生！ くそったれめ！）

Get the hell out of here !（とっとと、出て行け！）

Get lost !（消えうせろ）

That's all your fault.（みんなお前のせいだ）

You are wrong.（あなたは間違っている）

That's none of your business.
（お前の知ったことか、ほっといてくれ）

Mind your own business.
（ほっといてくれ）

● **失望する**

I am disappointed.（私は失望した）

もっと具体的に言ってみよう。

I was very disappointed that you didn't call.
（あなたが電話をくれなかったので、とても失望した）

I am disappointed to hear that I didn't pass the examination.（試験をパスしなかったと聞いて、失望した）

To my disappointment, the party was cancelled.
（パーティーが取り止めになって、がっかりした）

86

Chapter 2 これだけ覚えれば大丈夫

●うらやむ

I am envious of you.

（あなたがうらやましい）

I envy your success.

（あなたの成功がうらやましい〉

★「失望する」は、be disappointed.「うらやむ」は、be envious of～のように、失望、羨望、さらに心配、恐怖などを表現する英語は、それぞれ一つの単語を知っていれば、間に合う。あれこれの単語があると言われるより、「ああ、簡単だな」と思うことができ、勇気百倍なのでは？

─── 日本文化を English で⑥ ───

河童

A mythical goblin called ″River Boy″ supposed to live in the rivers. It has the body of a tortoise the limbs of a frog and the head of a monkey with a hollow at the top containing fluid.

87

●嫉妬する

She is jealous of me.

（彼女は、私にやきもちをやいている）

Are you jealous of me ?

（あなたは、私のこと、やいているのですか？）

●心配する

I worried whether you could come or not.

（あなたが、来ることができるかどうかを心配しました）

Don't worry about me.

（私のことは、心配しないで）

★「嫉妬する」は、be jealous of〜.「心配する」は、worry
を覚えておけば、十分。

She worries herself to death over every little thing.

（彼女は、ごく小さなことをいちいち死ぬほど心配する）

●恐れる

Don't be scared.（怖がらないで）

I'm not scared of anything.（怖いものは何もない）

She is so scared of her husband.

（彼女は、夫をすごく恐れている）

I was scared at the strange noise.

（妙な音を聞いて、恐ろしかった）

The poor child is scared to come home.

（そのかわいそうな子供は、家に帰るのを怖がっている）

Boy, it's scary in that old house.

88

Chapter 2 これだけ覚えれば大丈夫

(ねえ、あの古い家の中、恐ろしいよ)

a scary story（こわい話）

●希望する

希望する表現も、hope と wish をつかえば、たいていの場合こと足りる。文例をあげてみよう。

I hope to be able to pass the exam.
(試験にパスすると、いいと思います)

I hope you can come back here again.
(あなたが再び、ここへもどって来られることを祈っています)

I hope my new boss is a nice person.
(新しい上司が、いい人だといいと思います)

I wish you good luck.
(幸運を祈ります)

I wish you happiness.
(あなたの幸せを祈ります)

★前にも述べたが、I'd like to〜. をつかうこともできる。

I 'd like to go home.
(帰宅したいです)

さまざまな慣用的表現 丸暗記しよう

★英語にも、さまざまな慣用的な言い方がある。どうしてそうなるのか、と思い悩むよりも、頭から覚えてしまったほうがよい。

●許可を求める
  Can I~?
  May I~?
  Could I~?

★許可を求める表現は、日本語よりも英語のほうがやさしいように思う。ほとんどの場合、上の三つの言い方で始めればいい。ただし、Can I~? は、May I~? よりも親しい言い方と言えよう。丁寧な言い方をするには、May I~? か、Could I~? にする。以下の文例を参考にして覚えよう。

  May I smoke?（タバコを吸ってもいいですか）
  May I call you sometime?
  （いつか、電話してもいいですか）
  May I come in?（入ってもいいですか）
  May I leave now?（もう、出てもいいですか）
  Could I speak to him?（彼とお話してもいいですか）
  Could I go with you?
  （あなたとご一緒に行ってもいいでしょうか）

Chapter 2　これだけ覚えれば大丈夫

Can I have another cup of coffee ?

（コーヒー、お代わりしてもいい？）

Can I ask mom to buy me a toy ?

（ママに、おもちゃ買ってもらっていい？）

Can you come to my place tonight ?

（今晩、ぼくんとこへ来られる？）

●命令する

Go to work every day.

（毎日、働きなさい）

Be quiet.（静かにしなさい、黙りなさい）

Tell me the truth.

（本当のことを話なさい）

Keep off the grass.

（芝生に入るべからず）

★命令文は、普通文の中に出てくる動詞をはじめにもって
くればよい。"否定"の形で命令する場合には、最初に来
る単語はただ一つ、Don't をつければよい。

Don't be ashamed.（恥ずかしがることはない）

Don't tell me a lie.（嘘を言わないで）

●助けを求める

Help !（助けて！）

It's an emergency !（緊急事態です）

It's an urgent matter.（緊急のことです）

Fire ! Help !（火事だ！だれか来て）

91

★助けを求める場合、緊急の場合と、そうでない場合がある。上の例は、緊急の場合。この場合は、とにかく簡単明瞭であることが第一。

　援助・協力などを求めるという意味の助けを求めるなら、次のように言う。

Will you help me？（手伝っていただけますか？）

Will you give me a hand？（手を貸してください）

Could you help me？（助けていただけますか）

●激励する

Smile！（悲しい顔をしないで、笑ってごらん）

Keep smiling.（がんばって）

Keep your chin up、（めそめそしないで、がんばって）

Cheer up！（元気を出して）

Hang in there.（がんばって／我慢して勇気を出して）

★激励する表現にも、おもしろいものがある。単語の一つ一つは簡単なものばかりだから、覚えやすいと思う。

●確認する

Are you sure？（大丈夫ですか）

Is it OK？（それでオーケー？）

make sure that～.（～を確認する）

be sure that～.（～を確認する）

★「～を確認する」は、make sure that～. か be sure that ～. をつかう。次のような例を覚えておこう。

92

Chapter 2　これだけ覚えれば大丈夫

I want to make sure that he is coming to work tomorrow.（明日、彼が仕事に来ることを確認したい）

Be sure to tell him what I said.
（私が言ったことを、確実に彼に伝えるように）

I'd like to confirm my reservation.
（予約の確認をしたいのですが）

●あきらめる

「あきらめる」は、give up を覚えておけば、たいていの場合、こと足りる。

I give up.（あきらめるよ）

Don't you give up.（決して、あきらめないで）

●決断する

「決断する」は、make up mind あるいは decide で間に合う。

Make up your mind.（決心しなさい）

I decided to go.（行くことに決めました）

I decided not to go.（行かないことに決めました）

●紹介する

Let me introduce myself.
（自己紹介させてください）

May I introduce you to Mr.～?
（あなたを～さんに紹介したいのですが）

I'd like you to meet Mr.～.
（～さんをご紹介させてください）

93

Mr. Yamada, this is Mr. Sano. Mr. Sano, this is Mr. Yamada.

（山田さん、こちらが佐野さんです。佐野さん、こちらが山田さんです）

Have you met each other？（もう、お知り合いですか）

How do you do. Glad to know you.

（初めまして。どうぞよろしく）

I've been looking forward to meeting you.

（お会いするのを楽しみにしていました）

Where are you from？（ご出身は、どちらですか）

What do you do for a living？（お仕事は、何ですか）

I work for～company.（～会社で働いています）

★「こちら～さんです」と紹介する場合の「こちら」は、he や she ではなく、this is をつかうことに注意。

★パーティーなど、さまざまな人達が集まる場では、お互い、自分の知り合いをできるだけ多くの人に紹介するように心がけるのがエチケット。はじめから終わりまで、自分の知っている人達とだけ話をするといったことのないようにしよう。

●聞いてもいいこと・いけないこと

アメリカ人との会話の中で、質問してもいいことと、いけないことがある。まず結婚しているかどうか。これは聞いてもさしつかえない。

Are you married？（結婚していらっしゃいますか）

返事は、Yes I am. か、No I'm not. のどちらかになる。

94

Chapter 2　これだけ覚えれば大丈夫

★アメリカ人は、自分が離婚していることを平気で話す。離婚とは、たまたまうまくいかない相手と結婚してしまったから別れただけのこと、と考える人が多いからであろう。

I'm a divorcee.（私は離婚しています）

と、少しのためらいもなく、言ってのける。

I'm a single parent.（私は独身の親です）

こう言ったからといって、その人が未婚の母（父）とは限らない。離婚して、子供を引きとれば、その人は、再婚しない限り single parent である。

★宗教も、話題にしてかまわない。ほとんどのアメリカ人は、Christian（キリスト教徒）か、Jewish（ユダヤ教徒）で、まれに Mormon（モルモン教徒）がいる。

★聞かないほうがいいことは、年齢、収入。アメリカ人に、これらのことを聞く日本人を何回か、見たことがあるが、そんなとき、アメリカ人は、That's personal.（それはプライバシーです）と答えただけであった。機嫌が悪かったりしたら、もっと強く「あなたには、関係ないでしょう！あなたの知ったことですか！」という意味で次のように言われていたかもしれない。

That's not your business !

Mind your own business ?

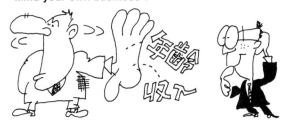

アメリカの文化・習慣を理解して

★外国語を習得する場合、言葉だけを勉強しても、会話についていけないことがある。言葉と同時に、その国の文化、習慣、国民性などを同時に理解していなければならないのだ。アメリカ合衆国のことについて、いくつか紹介しよう。

●出産祝い

　日本では、赤ちゃんが生まれた女性に「出産祝い」というプレゼントを、出産後にする。しかし、アメリカでは、出産を予定している女性に出産前に、プレゼントを贈るのが習慣で、これを、baby shower という。贈り方も、友達が、ばらばらにデパートから送らせたり、一人で家へ持参するということはない。友達が集まって、出産予定の女性の家へ贈り物を持っていき、パーティーをする。これが、baby shower で、このパーティーには、女性だけが参加する。

●職場での名前の呼び方

　前にも、述べたが、これも日米では違う。まず、日本では上司を呼ぶのに、課長、部長、社長というように、会社での職名で呼ぶ。一方、アメリカでは、自分より上の人は、男性なら Mr. Johnson 女性なら Miss Wilson のように、「名前」を呼ぶ。ちなみに、今日、男性は、Mr. で、結婚して

Chapter 2　これだけ覚えれば大丈夫

いるか、いないかわからないのに、女性は、Miss と Mrs
につかい分けるのは、不公平だということで、Ms.（ミズ）
をつかうことが多いようである。

★上でも下でもない、同じレベルの社員同士は、姓ではな
く、given name. つまり太郎とか花子とか、親からもらっ
た名前を呼ぶ。

What were you doing, John ?

（ジョン、何をしていたの）

Oh, I was talking to Mr. Brown.

（ブラウン部長と話をしていたんだ）

★上司が部下を呼ぶ場合も、ファーストネーム、日本なら、
「あ、山本君、この文章を入力してくれないか」などと言
うところを、アメリカでは次のように言う。

Kimiko, will you type this please ?

●クリスマス

　クリスマスも、かなり違う。日本は、クリスマスパーテ
ィーを24日にすることが多く、おおいにはしゃぐが、あち
らでは、クリスマスイブは、家庭で静かに過ごすのが一般
的である。教会のミサに行く人もいる。クリスマスパーテ
ィーは、この日までに、いろいろなグループで、何回も開
かれる。日本の忘年会のように。

　そしてクリスマスはあくまで12月25日。これは国の法定
祝日。つまりキリストの生誕の日で、この日にクリスマス
の大ごちそうを食べる。日本人はどうもイヴの12月24日を
クリスマスと勘違いしている人が非常に多いように思える。

97

●ユーモア

　日本人はユーモアのセンスに欠ける。よく言われること
だ。一例をあげておこう。

　ある英会話教室で、アメリカ人教師が日本人女生徒にこ
うたずねた。

Are you married to him ?

　（あなたは、この方と結婚なさっているのですか）

　こう言って、隣の日本人男性を見たのだが、その女生徒、
先生の言った英語をちゃんと理解したところまではよかっ
たが、その後がいけなかった。

No ! No ! No ! No !

　こう言って、彼女は手を激しく横にふり、否定し続けた
のである。これはとてもみっともないだけでなく、隣の男
性に失礼である。この女性の振る舞いは、「えっ！　とん
でもない！　こんな人と！」みたいに見えてしまう。

★このような場合、アメリカ人は、実に粋な返事をする。
たとえば、あるアメリカ人男性は、たまたま隣にい合わせ
た女性と結婚しているのですかと聞かれたとき、こう言っ
てニッコリ笑ったのである。

No, I'm not that lucky.

　直訳すると、「いいえ、ぼくはそんな幸運者ではありま
せんよ」つまり「こんな、すばらしい女性と結婚できるほ
ど、ぼくは幸運者ではありませんよ」というわけだ。何と
いうニクイ、粋な返事…。くだんの日本人女性とは大違い、
正反対である。

　同じ「私は、この人と結婚しているのではない」を言う
にしても、こうも違ってしまうのだ。

98

Chapter 2 これだけ覚えれば大丈夫

●計算の表現

足し算＝addition

2 + 3 = 5 は、日本語では、「2 足す 3 は 5 」
英語では、次のように言う。

① Two and three is five.

② If you add two to three, you get five.

③ Two plus three is five.

④ Two plus three equals five.

引き算＝subtraction

5 − 1 = 4 は、次のように言う。

① One from five leaves four.

② If you subtract one from five, you get five.

③ Five minus one is four.

④ Five minus one leaves four.

掛け算＝multiplication

7 × 8 =56は、次のように言う。

① Seven multiplied by eight makes fifty-six.

② Seven times eight makes fifty-six.

③ Seven times eight is fifty-six.

割り算＝division

10÷ 2 = 5 は、次のように言う。

① Divide ten by two and you get five.

② Ten divided by two equals five.

③ Ten divided by two is five.

99

●数の表現

毎日の生活に数字は欠かせない。一番よくつかうのが、基数詞 (cardinal numbers)。ふつうの1、2、3 (**one, two, three**) と数えていく数字。序数詞 (ordinal numbers) は、順序を表す数字。第1、第2、第3 (**first, second, third**) と数える。4からを比較すると次のようになる。

〔基数詞〕	〔序数詞〕
four (4)	**fourth** (第4の)
five (5)	**fifth** (第5の)
six (6)	**sixth** (第6の)
seven (7)	**seventh** (第7の)
eight (8)	**eighth** (第8の)
nine (9)	**ninth** (第9の)
ten (10)	**tenth** (第10の)
eleven (11)	**eleventh** (第11の)
twelve (12)	**twelfth** (第12の)
thirteen (13)	**thirteenth** (第13の)
twenty (20)	**twentieth** (第20の)
twenty-one (21)	**twenty-first** (第21の)

★基数詞については、次のようなつかい方がある。

年号―1990年は、**nineteen ninety** のように、二つに分けて言う。

★電話番号―たとえば833-1234は、**eight-three-three, one-two-three-four**。 内線567は、**extention five-six-seven** と言う。

★部屋番号―103は、**one-o-three**、321は **three-two-one**

Chapter 2　これだけ覚えれば大丈夫

または、**three-twenty-one**。001を、**double-o-one** と言うこともある。

★序数詞は次のような場合につかう。

日付―1月1日は、**January（the）first（Jan.1st.）**

分数―2分の1は、**one-second**、10分の6は、**six-tenth** となる。

★そのほか、**the twenty-eighth page**（第28ページ）とか **the second batter**（2番目の打者）。

★数字をつかわずに、数量を表す言葉もある。

a couple of／a few〜（2、3の〜）

several〜（5，6の〜）

any number of〜（かなり多数の〜）

a ton of〜（たくさんの〜）

thousands of〜（ぼう大な数の〜）

hundreds of〜（何百という〜）

quite a few（相当数の／かなりの）

quite a bit（かなりの／相当量の）

●お金の表現

6ドル50セント＝**six dollars fifty cents（six fifty）** のように言う。なお、アメリカのコインには呼び名がある。

1セント＝**1 penny**＝**a penny**

5セント＝**5 cents**＝**a nickel**

10セント＝**10 cents**＝**a dime**

25セント＝**25 cents**＝**a quarter**

つかえば自然に覚えるのがお金の表現だ。

101

●アメリカ合衆国の祝祭日（◎は国の法定休日）

アメリカ合衆国全体の祝祭日は、次の通り。ほかに、州や市の祝祭日がある。

January（1月）

　1日　◎ **New Year's Day**（新年の日）

　18日　◎ **Martin Luther king, Jr. Day**
　　　　　（キング牧師の日）

February（2月）

　12日　◎ **Lincoln's Birthday**
　　　　　（リンカーン大統領誕生日）

　14日　**St. Valentine's Day**
　　　　　（聖ヴァレンタインの日）

March（3月）

　17日　**St. Patrick's Day**（聖パトリックの日）

April（4月）

　3月21日以降の満月の日の　　**Easter Sunday**
　後、最初の日曜日　　　　　　（復活祭）

May（5月）

　8日　　　　**Mother's Day**（母の日）

　第3土曜日　**Armed Forces Day**（三軍統合記念日）

　最終日曜日　◎ **Memorial Day**（戦没将兵記念日）

102

Chapter 2　これだけ覚えれば大丈夫

June（6月）

14日　　**Flag Day**（国旗の日）

19日　　**Father's Day**（父の日）

July（7月）

4日　　◎ **Independence Day**

（アメリカ独立記念日）

September（9月）

第1月曜日　◎ **Labor Day**（労働の日）

October（10月）

第2月曜日　◎ **Columbus Day**（コロンブスの日）

31日　　**Halloween**（万聖節）

November（11月）

8日　　　**Election Day**（選挙の日）

11日　　◎ **Veterans Day**（復員軍人の日）

第4木曜日　◎ **Thanksgiving Day**（感謝祭）

December（12月）

25日　　◎ **Christmas Day**（クリスマス）

103

●日本の祝祭日

　日本人である私たちが、外国人に私たちの国の祝祭日を英語で言えるよう、この際、日本の祝祭日も覚えておこう。

1 月（January）
　　1 日　　　　元旦（**New Year's Day**）
　　第 2 月曜日　成人の日（**Coming of Age Day**）
2 月（February）
　　11日　　　　建国記念の日（**National Foundation Day**）
3 月（March）
　　21日前後　　春分の日（**Spring Equinox Day**）
4 月（April）
　　29日　　　　昭和の日（**Showa Day**）
5 月（May）
　　3 日　　　　憲法記念日（**Constitution Memorial Day**）
　　4 日　　　　緑の日（**Greenery Day**）
　　5 日　　　　子供の日（**Children's Day**）
9 月（September）
　　第 3 月曜日　敬老の日（**Respect for the Aged Day**）
　　23日前後　　秋分の日（**Autumn Equinox Day**）
10月（October）
　　第 2 月曜日　体育の日（**Health-Sports Day**）
11月（November）
　　3 日　　　　文化の日（**Culture Day**）
　　23日　　　　勤労感謝の日（**Labor Thanks giving Day**）
12月（December）
　　23日　　　　天皇誕生日（**Emperor's Birthday**）

CHAPTER 3
ケース・スタディ

ますます英会話が楽しくなる！

★人、人に会う。そして、会話が始まる。この章では、よくあるシチュエーションを想定して、会話の例をつくってみた。実際のケースでおおいに応用してほしい。

Good morning, mom.（おはよう、お母さん）
Good morning. Breakfast is ready.
（おはよう。朝食の用意ができているわよ）
What are we going to have for breakfast ?
（朝食は、何？）
Eggs, bacon, hotcakes and milk. How do you like your eggs ?（卵、ベーコン、ホットケーキ、そしてミルクよ。あなた、卵はどうする？）
Sunny side up, please.（ふつうの目玉焼きにして）

Chapter 3　ケース・スタディ

「mom」の部分には、相手の名前を入れる。父親なら dad, 祖父母なら Grandpa, Grandma、兄弟姉妹ならそれぞれの名前を呼ぶ。夫や妻は、名前、あるいは、darling, honey, dear, sweetheart, babe などと呼びかける。

アメリカの家庭の朝食では、ホットケーキ（pancake とも言う）はごくふつうで、ホットケーキを食べるときは、トーストは食べない。ワッフル（waffle）もよく朝食に出る。日本のワッフルの外側の部分が平らになっているものが2〜3枚で一食分。バターとシロップ（syrup）をかけて食べる。cereal も朝食用。オートミルのように調理したものに砂糖・ミルクをかける cooked cereal と、コーンフレイクのように砂糖とミルクをかけて食べる dry cereal とがある。なお、アメリカ人は、朝から生野菜を食べたり、スープを飲んだりはしない。

sunny side up は、fried egg（目玉焼き）の一種で、ごくふつうの卵焼き、この卵焼きをひっくり返して両面を焼き、卵の黄身を半熟にするのは、over easy と言う。

そのほかの卵料理としては、boiled egg（ゆで卵―堅ゆで卵は、hard-boiled egg、半熟は、soft-boiled egg）、scrambled egg（かき卵）、omelet（オムレツ－中に何も入っていないのは plain omelet、チーズが溶けて入っているのは、cheese omelet、ハムの入っているのは ham omelet、いろいろな野菜が入っている Spanish omelet）などがある。

be ready は、「～の用意ができている」。たとえば、次のようにつかう。

Are you ready to go ?

（出かける用意は、できましたか）

107

駅で

Excuse me, Does this train go to Kofu?
(すみません。この電車は、甲府へ行きますか)
No, it doesn't. It goes to Takao. You want the "Azusa" Express.
(いえ、行きません。それは高尾行きです。あなたは、特急「あずさ」に乗るんですよ)
The "Azusa" Express? (特急あずさ」ですか)
Yes. (そうです)
Can you tell me where I can get it?
(それには、どこで乗れるか、ご存じですか)
Sure. it's on track 1. (もちろん。1番線です)
Thank you very much. (どうもありがとうございました)

Chapter 3　ケース・スタディ

★駅で必要な英語。最少限、これくらいは覚えておきたい。

Excuse me but where can I buy a ticket？

（切符は、どこで買えますか）

How much does it cost to～？（～まで、いくらですか）

One ticket to～, please.

（～までの切符一枚、お願いします）

a one way ticket to～（～までの片道切符）

a round trip ticket to～（～までの往復切符）

I'd like an unreserved seat please.

（自由席をお願いします）

Can I get a reserved seat for the 11：30 train？

（11時30分の指定席券は、ありますか）

How much is the special express charge to～？

（～までの特急券は、いくらですか）

I'd like to make a reservation for the sleeper train please.（寝台車の予約をお願いします）

Which way should I go to transfer to the subway？

（地下鉄に乗りかえるには、どっちへ行けば、いいですか）

Could you tell me how to get to～, please.

（～まで、どう行けばよいですか）

Where should I change trains to go to～？

（～へ行くには、どこで乗りかえたら、よいですか）

Where do the trains bound for～leave？

（～行きの電車は、どこから出ますか）

Excuse me but could you please tell me when we arrive at～？

（すいません。～に着いたら、教えていただけますか）

109

道を聞く

Excuse me. Can you tell me how to go to the zoo ?
(すみません。動物園へ行く道を教えていただけませんか)

Yes. Go straight and turn left at the second corner and you'll find the zoo.
(はい。まっすぐ行って、二つ目の角を左へ曲がりなさい。そうすれば、動物園が見えます)

How far is it on foot ? (歩くと、どのくらいですか)

It takes about ten minutes by walking.
(歩いて、10分くらいかかります)

Thanks a lot. (どうもありがとうございました)

Chapter 3　ケース・スタディ

★外国ではなくとも、道に迷うのは面倒なものである。

　まず、行き先が見つからず、人に聞く場合は、これだけ
覚えておけば OK。

Where can I find～?（～は、どこですか）

Which way is～?（～は、どちらの方向ですか）

★次に道を教える側がつかう文例も一緒にあげておく。

Would you draw a map for me ?
（地図を書いていただけますか）

Where are we on this map ?
（この地図で、私たちの現在位置はどこですか）

How far is it from here ?
（そこは、ここからどのくらいかかりますか）

It's too far to walk.
（歩いて行くには、遠すぎます）

You had better take a taxi.
（タクシーに乗ったほうがよいでしょう）

It's just around the corner.
（ちょうど、角を曲がったところです）

★道を聞いた相手がわからないときは、

Thank you just the same. と言うとよい。

　人に何かをたずねたとき、ものを頼んだときなど、相手
があいにくあなたの必要とする答がわからなかったり、そ
の気はあっても頼まれたことができないときにつかう言葉。

　「あなたは、私のたずねたことに必要な答をくださらなか
ったけど、答をくださった場合と同様、私は Thank you を
言います」という意味の言葉。覚えておくと非常に便利。

111

会社の朝

Good morning. Haw are you this morning, Mary ?
(おはよう。今朝はどう、メアリ)

Fine, thank you. And you ?
(快調です。あなたは？)

I'm great. Well, let me see…what do I have to do this morning ?
(申し分なしだ。さてと…、今朝ぼくは何をしなくちゃならんのかな)

Meeting at 10, and Mr. Allen is supposed to come here at 11.
(10時に会議です。それからアレンさんが11時にお見えになることになっています)

I see. Umm…I have to get this project done before the day is over.
(ああそう。ウーム、今日じゅうにぼくは、このプロジェクトをやってしまわなくちゃならないんだが)

Chapter 3　ケース・スタディ

★Good morning. は早朝から正午まで、Good afternoon.
は正午から夕食まで、夕食からあとは、Good evening. と、
挨拶の文句は時間によって厳密に決まっている。Good
afternoon は「こんにちは」と訳すけれど、「こんにちは」
のように遅い午前から夕方までつかったりしない。

　Good afternoon. と Good evening. はやや堅苦しい挨拶。
Hi. とか Hello. は1日中いつでもつかえる。

　Good night. は、夜別れるときの挨拶。「こんばんは」の
意味はない。ただし、アメリカ人は、夕方かなり早い時間
でも、Good night. を別れの挨拶によくつかう。

★Good morning. とか Hello. のあとの How are you？は「ど
う、元気？」「調子はどう？」という感じ。最初の挨拶と
でワンセット。それに答えて Fine. And you？と返す。こ
れもワンセット。Fine. のかわりに（I'm）OK. でもいいし、
I'm all right. でもいい。ただしこれはちょっとくだけた親
しみのある返事で、相手がかなりエライ人なら、少しあら
たまって Fine, thank you. How are you？と丁重に言った
ほうがいいだろう。

May I go home now, Mr. Simpson？

（シンプソンさん、もう退社してよろしいですか）

Yes, you're finished for the day.

（いいですよ。あなたは今日は終わりだ）

Thank you. Good-bye Mr. Simpson.

（ありがとうございます。失礼します）

★「さよなら」は、上役に対しては So long. より、きちん
とした Good-bye. のほうがいい。

　See you tomorrow. はボスに対してもよくつかう。

113

会社で

Kathy, will you come here a minute, please?
(キャシー、ちょっと来てくれないか)

Yes, Mr. Simpson.
(はい、シンプソンさん)

Kathy, you typed these papers, didn't you?
(この書類、きみが作ったんだったね)

Yes, I did. Is there anything wrong?
(はい、そうです。なにか間違ってますか)

I found five typing errors. And here, you skipped a line.
(ミスが5つもあったよ。それに、ここのところは1行とばしてる)

Oh, I'm sorry Mr. Simpson. I don't know what's the matter with me today. (すみません、シンプソンさん。私、今日はどうかしてるわ)

Do it all over again, will you? And be more careful. (もう1度最初からやり直してくれないか。もっと注意して)

I'll try to do better from now on.
(これからは気をつけます)

114

Chapter 3　ケース・スタディ

★はっきりと自分の側に落ち度があるときの「ごめんなさい」は I am sorry. 逆に、このように言うことは自分の非を認めたことになる。交通事故などで、まだどっちが悪いか決まっていないときに、つい日本の「やあ、すみません」の感覚で I'm sorry. とやってしまうと、あとで面倒なことになる。

★中座したり、うっかり人の足を踏んでしまったというような場合の「ごめんなさい」あるいは「ちょっと失礼」は Excuse me. あるいは Pardon me. が一般的。me を強く言うほうが謝罪の誠意が感じられる。軽い「ごめんなさい」は Sorry. だけでもいい。

★会社で上司に叱られるというのは、どっちに落ち度があるにしてもいい気分のものではない。「まったくロクな日じゃなかったよ」とグチの一つも言いたくなる。

I've had a bad day,（今日はツイてなかったよ）

It's not my day !（今日は私にとっていい日じゃなかった）

It has been a hectic day today.

（今日はめちゃくちゃ忙しかった）

　hectic day は「めちゃくちゃ忙しい」「てんてこ舞いの」「大奮闘の」日。

I was in and out all day.

（今日は一日、出たり入ったりだった）

★しかし、終わってしまえば今日は金曜日。明日からは休日だ。

T. G. I. F. !（ハナ金だぞ！）

　これは次のセンテンスの頭文字をならべたもの。

Thank God it's Friday

115

昼食に誘う

Any way, why don't we have lunch ? I'm starved.
(とにかく昼飯を食べない? すっかり腹ぺこなんだ)

OK. What shall we have for lunch ?
(いいわね。何たべる?)

Let's have Chinese food.
(中華料理を食べようよ)

Chinese food sounds good. All of the sudden, I'm hungry.
(中華料理、いいわね。急におなかがすいてきたわ)

★sounds good は「よさそうだ」「いいんじゃない」のニュアンス。もっと積極的な賛成なら、

 That's a good idea.（それはいいね）
 Yes, I'd like that.（うん、それがいい）
 Yes, let's do that.（うん、そうしよう）

Chapter 3　ケース・スタディ

もちろん OK. あるいは All right. だけでもいい。

★いろいろな味（taste）の表現を紹介すると、

甘い	**sweet**	苦い	**bitter**
すっぱい	**sour**	塩からい	**salty**
ヒリヒリと辛い	**hot**	渋い	**puckery**
辛口の（酒）	**dry**		
濃厚な・こってりした	**rich**		
軽い・もたれない	**light**		
淡泊な	**plain**	あっさりした	**simple**
濃い・くどい	**thick**	もたれる	**heavy**
風味が強い	**strong**	コクがある	**full-bodied**

★ふつうに「おいしい」あるいは「うまい」は good または nice。「すっごくおいしい」は wonderful. excellent.

tasty, delicious も「おいしい」だが、これはいくらかグルメふうの表現。「いい味だね」とか「素晴らしいお味」といった日本語にあたる。

「うまそうだ」（食欲をそそる）は appetizing。

It's an appetizing dish.（おいしそうな料理だ）

★おいしくもないが、まずいってほどじゃない。「まあまあだ」の言いかたとしては、

Not so bad.（まあまあだね）

Just so so.（まあまあだ）

はっきりいって「まずい」は not good。「ひどいもんだ」は terrible。そうまで言い切ってはカドが立つという場合は not too good（特別うまいってほどじゃない）。

117

電話

Operator.（交換手です）

I'd like to make this a person-to-person collect call, please.
(この通話、コレクトコールでお願いします)

What's the name of the person you're calling?
(相手の方のお名前は?)

Michael Hamilton.（マイケル・ハミルトンです）

And your name?（あなたのお名前は?）

Michiko Sasaki.（佐々木三千子です）

How do you spell that, please?
(綴りをおっしゃってください)

Michiko, M, I, C, H, I, K, O. Sasaki, S, A, S, A, K, I.
(三千子はM、I、C、H、I、K、O。佐々木はS、A、S、A、K、Iです。)

Did you say "Nichiko" with a "N"?
(Nではじまるニチコって、おっしゃったんですか?)

No. "Michiko", with a "M" as in "mother".
(いえ、マザーのMではじまるミチコです。)

118

Chapter 3　ケース・スタディ

★昔は、電話で電報を打つのに、文字を正確に伝えるために「朝日」のア、「スズメ」のス…といった言い方が決まっていた。最近は電話の機能がよくなったから、あまり耳にしない。しかし、外人に日本人の名前の音を正確に伝えようとすると苦労することが多い。綴りを正しく伝えるためのアメリカ版「朝日のア」をあげておく。ただし、これは1例である。father の f というかわりに fox の f と言ったっていっこうにかまわない。要は相手に正しく伝わればいいのだから。

A—America	B—baseball
C—Chicago	D—Denmark
E—England	F—father
G—Germany	H—Hong Kong
I—India	J—Japan
K—Kentucky	L—London
M—magazine	N—New York
O—Orient	P—pumpkin
Q—Queen	R—residence
S—sailboat	T—Texas
U—U.S.A	V—victory
W—Washington	X—X-ray
Y—yellow	Z—zebra

───── 日本文化を English で⑦ ─────

のし

　Emblematic of a gift which is a thin strip of the dried abalone wrapped in red and whitepaper.

コーヒーブレイク

It's time now for a coffee break. So what's new with You?
(さあ、コーヒーブレイクの時間よ。何か、ニュースはある?)

Nothing much. How about you?
(大したことはないわ。あなたは?)

Well, I have some good news.
(ええ、ちょっといいニュースがあるの)

Really? What?
(ほんと? 何?)

I just passed my driver's test.
(運転免許が取れたの)

You did? That's wonderful! Congratulations!
(取れたの? それはすばらしい。おめでとう)

Chapter 3 ケース・スタディ

★仕事の合間に取る休憩。rest としたくなるかもしれないが、break のほうが、どちらかといえばよい。こんなフレーズも覚えておこう。

Let's take a break.（ちょっと休もうよ）

break とは「こわす」のような意味もあるが、この場合は、休憩。

日本では、よく「お茶にしましょう」と言う。アメリカ人は、一日のうちに何杯もの薄いコーヒーを飲む人が多いので、coffee break という意味がある。

It's time for coffee break.

「コーヒーの時間だよ」は「お茶の時間だよ」にあたる。

★また、Let's take a coffee break. のかわりに、単にこんなふうに言うこともある。

Let's take ten.

Let's take まではいいとして、この ten は、何を意味するのか。Ten＝10を取りましょうとは？

これは、ten minutes の略なのである。

なぜ、ten minutes とするかというと、これは別にそう言ったからといって、10分間の休憩をキッチリ取りましょう、ということではない。「ちょっとの休憩」をこんなふうに言う習慣があるだけのこと。

───────── 日本文化を English で⑧ ─

豆腐	刺身
soybean curd	sliced raw fish

121

買い物

May I help you ? (いらっしゃいませ)
Yes, Let me see this please. (これを見せてください)

....

Can I try this on ? (着てみて、いいですか)
Sure.
(もちろん)
This is too big for me. Do you have a smaller size ?
(これは大きすぎます。もっと小さいサイズのものはありますか)
No. I'm sorry we don't.
(いいえ、申しわけありませんが、ありません)
I'm afraid I don't like it.
(悪いけれど、これは気に入りません)

Chapter 3　ケース・スタディ

　アメリカでは、店員が客に、May I help you？と言って近づいてくる。「お買い物のお手伝いをいたしましょうか」というわけ。その必要はなく、ただ見ているだけならば、Thank you. I'm just looking. と言えばよい。

★そのほかのよくつかわれる文例をあげておこう。

How much is this ?（これは、いくらですか）

I'm looking for a leather belt.
（皮のベルトがほしいのです）

It's too expensive.（高すぎます）

Do you have anything cheaper ?
（もっと安いのがありますか）

Can you make it cheaper ?（安くしてくれますか）

I don't like this color.
（この色は好きではありません）

Do you have blue one ?（青いのは、ありますか）

Let me see if that's in stock.（在庫を見てきます）

Where can I find pajamas ?
（パジャマは、どこですか）

That comes to fifty dollars and forty-nine cents.
（合計で、50ドル49セントになります）

It's a gift. Could you wrap it up and put a ribbon on it please ?
（贈り物ですので、包装して、リボンをかけてくれますか）

I'd like to return this coat.
（このコートを返したいのですが）

Do you accept Master Card ?
（マスターカードは、使えますか）

123

デパートで

Excuse me. Where are the washing machines?
(ちょっと、すいません。洗濯機は、どこですか)

They're in the Household Appliances Department in the basement. (それは、地下の家庭用電気製品売り場です)

In the basement? I see. Can you tell me how to get there? (地下ですか。わかりました。どのように行けばいいのですか)

Sure. Take the escalator over there down one floor.
(はい。あちらのエスカレーターで、1階、降りてください)

Thank you.
(ありがとう)

Chapter 3　ケース・スタディ

★デパートなどでよく交わされる会話の例をあげておこう。

Excuse me, where can I find the men's clothes ?

（紳士用衣類は、どこでしょうか）

What floor are the underwear on ?

（下着類は、何階でしょうか）

I'm looking for a pair of boots.

（ブーツを探しています）

Let's see, how about this one.

（さてと、これはどうだろう）

I wonder if it fits me ?

（私に合うだろうか）

I wonder if I look good in this coat.

（このコート、似合うでしょうか）

Maybe this one is too big for me.

（これは、大きすぎるかも）

Are you sure it's not too tight ?

（きつくはないですか）

It looks much better.（とてもお似合いです）

Well, I think I'll take this one.

（じゃ、これにしよう）

How much is this ?（いくらですか）

This tie ought to look good with my light blue shirt.

（このネクタイはぼくのライトブルーのシャツと合うはず
だ）

The price is reasonable.（値段は、手ごろだ）

Oh, this pair of shoes is comfortable.

（ああ、この靴は、はき心地がよい）

125

ホテルで

I'd like to reserve a room, please.
(部屋の予約をお願いします)

What kind of room would you like?
(どのようなお部屋をお望みですか)

Is there a single room with a shower?
(シャワーつきのシングルは、ありますか)

I'm sorry there isn't. But we have a room with a bath.
(申しわけありませんが、ありません。風呂つきの部屋なら、ございます)

How much is it for a night?
(一泊、いくらですか)

Fifty-five dollars.
(55ドルです)

I'll take it. Would you reserve it for me?
(その部屋にします。予約してくれますか)

Chapter 3　ケース・スタディ

★海外旅行では、不可欠なホテルでの会話。

　そのほかの文例をあげておこう。

My name is Takako Yamada. I'd like to check in please.
（山田孝子ですが、チェックインをお願いします）

I have a reservation.（予約しています）

I don't have a reservation.（予約していません）

Do you have a room ?（部屋はありますか）

The cheapest room, please.
（安い部屋をお願いします）

Do you have a room with a view of the sea ?
（海側の部屋は、ありますか）

Would you keep my valuables ?
（貴重品を預かってください）

I'd like to confirm my reservation please. My name is Takako Yamada,
（山田孝子ですが、予約の確認をお願いします）

I'd like to cancel my reservation.
（予約の取り消しをお願いします）

My room number is 1023. I'd like to order my breakfast.
（こちらは、1023号室です。朝食のルームサービスをお願いします）

Please call me at 6 tomorrow morning.
（明日の朝6時、モーニングコールをお願いします）

Will you tell me where an emergency exit is ?
（非常口を教えてください）

By what time do I have to check out ?
（チェックアウトは何時までにすればよいですか）

招待状

Dr. and Mrs. Morimichi Watanabe
request the honour of your presence
at the marriage of
Kakuko
the daughter of Mrs. Shizuo Nakagawa
to their son
Tsugumichi
on Saturday, the twenty-seventh of April
Nineteen hundred and eighty-five
at one p. m.
The Fifth Avenue Presbyterian Church
7 West Fifty-fifth Street
New York, New York

Chapter 3　ケース・スタディ

渡辺守道博士夫妻は、
ニューヨーク州ニューヨーク市の
西55街7番地の
第5通りの長老派教会において、
4月27日土曜日午後1時
中川静枝長女嘉久子と
渡辺夫妻長男継道の
結婚に、貴下のご出席を
要請致します。

　アメリカでの結婚式の招待状の一例を紹介する。

　これを見ると、日本文の招待状の書き方とは、ほとんど
逆の感じである。

　日本と違うことの一つに、この招待状のどこにも「〜
家」と家の文字が入っていないことである。あちらでは、
結婚とは家と家がするものではなく、人と人がするものと
いう考えだからだが、変わりつつある日本といっても、結
婚式場へ行くと、いまだに「〜家、〜家結婚披露」とある。

　出席・欠席の返事を出すカードに、名前を入れる箇所が
あるが、頭のところにMの文字が入っている。これは、招
待された人が男性な
ら、Mの後にr.と書　　　*Kindly respond by*
けばMr.になり、rs.　　　*April 10th, 2016*
ならMrs.で、issなら
Miss、あるいはs.だ　*M* ＿＿＿＿＿＿＿＿＿＿
けを入れればMs.と
なるわけである。　　　　*will* ＿＿＿*attend*

子供の会話

Can I ask you something ?
(ちょっと聞いていい)

Sure. What ?
(いいとも。何だい)

Is Santa Claus just "make believe" ?
(サンタクロースは、架空の人なの?)

No ! Santa Claus is not "make believe". Who told you that ? (違うよ。サンタクロースは架空の人ではないよ。そんなこと、誰が言ったの)

My brother told me.
(お兄さんが言ったの)

Well, I can't believe it's true. I'm sure it's just gossip.
(とにかく、ぼくはそれが本当なんて思えないね。ぼくは、それはただのうわさ話だと思うよ)

Chapter 3　ケース・スタディ

★it's just gossip. は、it's just a rumor. と言ってもいいが、gossip と、a rumor の違いに注意。

英会話が上達するポイントの一つは、子供と英語でおしゃべりをすることだと言う。ここでは、子供たちの遊びについて紹介しよう。

play hopscotch（石けりをする）

play hide-and-seek（かくれんぼをする）

鬼（it）は、"Here I come. Ready or not" と言って探す。

get on a swing（ブランコにのる）

play on the seesaw（シーソーで遊ぶ）

jack-in-the box（びっくり箱）

kite-flying（たこあげ）

fly a kite（たこをあげる）

marbles（ビー玉遊び）

musical chairs（椅子取り遊び）

音楽に合わせてする椅子取り遊び。going to Jerusalem とも言う。

take a nap（昼寝をする）

nursery rhyme（童謡・わらべ歌）

play bo-peep（いないないばあをする）

play house（ままごと遊びをする）

play cops and robbers（泥棒ごっこをする）

spin a top（こまを回す）

play tag（鬼ごっこをする）

toy train（おもちゃの汽車）

video game（テレビゲーム）

131

ダイエット

Hi, Kuniko. This is Paul. Are you free this evening?
(やあ、国子。ポールだ。今夜あいてる?)

Hi, Paul. Yes, I'm free this evening.
(あら、ポール。ええ、あいてるわ)

Would you like to have dinner with me?
(晩ごはんいっしょにどう?)

I'm afraid I can't. I'm on a diet.
(残念だけどご一緒できないわ。ダイエット中なの)

★相変わらずダイエットブームである。日本語のダイエットは"減食"を意味しているが、diet の本来の意味は"食事療法"である。痩せたい人が減食するのもたしかに diet だが、太りたい人がたくさん食べるのも diet なのだ。糖尿病や高血圧の diet もある。

★最近はダイエットの正しい知識が普及してそんなことは

Chapter 3 ケース・スタディ

言わなくなったが、少し前までは「ごはん粒を食べると太る」と信じこんでいる人が多かった。お鮨なんてもってのほか、というわけだ。

しかし、アメリカでは、減量のためのダイエット食、バランスのとれた健康食品として鮨がもてはやされており、sushi bar が大はやりだ。当然のことながら、アメリカのスシ・バーでは日本語は役に立たない。郷に入っては郷に従わなくてはならない。

★さて、鮨のネタは、英語ではどういうだろうか。

red caviar／salmon egg（イクラ）

red snapper／sea bream（タイ）

herring roe（数の子）　**sea urchin eggs**（ウニ）

octopus（タコ）　　**tuna**（まぐろ）

sushi omlet cooked with sugar（玉子焼き）

squid（イカ）　　**horse mackerel**（あじ）

shrimp（小エビ）　　**bonito**（カツオ）

prawn（車エビ）　　**scallop**（ほたて貝）

lobster（伊勢エビ）　　**mackerel**（サバ）

abalone（あわび）　　**horseradish**（わさび）

cockle（とり貝）　　**ginger**（しょうが）

sea eel（あなご）　　**ark-shell**（赤貝）

yellowtail（はまち）　　**squila**（しゃこ）

oily portion of belly of tuna（中とろ）

more oily portion of belly of tuna（大とろ）

tuna meat and rice wrapped with seaweed（鉄火巻）

cucumber and rice wrapped with seaweed（かっぱ巻）

133

久しぶりの出会い

Hello, Akira ! How are you ?
(やあ、章。元気かい)

Fine, and how are you John ?
(やあ、ジョン。元気だよ。きみは?)

I'm OK. I haven't seen you for a long time. What's new with you ?
(元気だよ。しばらくだね。最近、どう?)

Not much. How about you ?
(あい変わらずだね。きみはどうなの)

Well, I have some good news.
(そう、ちょっといいことあったな)

What ? (なんだい)

I just got a big raise.
(かなり昇給したんだ)

You did ? That's wonderful ! Congratulations !
(ほんとう? そりゃすごい。おめでとう)

Thank you.
(ありがとう)

Chapter 3　ケース・スタディ

★What's new with you？は「最近、どう？」くらいの軽
い挨拶。似たような言いかたに、

How have you been？（どうしてた？）

How is your business？（仕事のほうはどう？）

Well, it's so-so.（まあまあだよ）

It's neither good or bad.

（良くもなく悪くもなしってところ）

Not so bad.（そう悪くもない／まあまあだよ）

It's very slow.（さっぱりだよ）

最後の it は問いの business を受けたもの。普通に言え
ば Business is very slow.「景気はさっぱり（低調）だよ」
である。

出会った相手がどうも元気がないときは、

You look depressed. Is anything wrong？

（元気がないね。なにかあったの？）

You look tired.（疲れてるみたいだね）

I've been very busy since last month.

（先月からひどく忙しくてね）

depressed はガックリ落ち込んだ状態。

I feel depressed.（気分が重い）

Business is depressed.（不景気だ）

などというふうに言う。

Is anything wrong？ に似た言い方に What's wrong
with you？がある。これは気分が悪そうな人への「どうか
しましたか？」という問いかけ。答は、

Nothing. I'm OK. Thank you.

（なんでもありません。大丈夫です。ありがとう）

135

葬式

You are not alone
In your sorrow
For the thoughts of others are with you.
　　　With sympathy,
(悲しみはあなたおひとりのものではありません。
ほかの人たちもあなたと同じ思いです。
心からお悔やみ申し上げます)

★葬式に際して、日本とアメリカで大きく違うことは、香典という現金のやりとりがない点だ。そしてアメリカではよく"お悔やみカード"を送る。既製品のカードを売っていて、文句も印刷されている。大体上のような言葉が書かれている。

　「お悔やみ」を意味する言葉としては sympathy のほか

Chapter 3　ケース・スタディ

に condolence がある。

Please accept my sincere condolences on your father's death.

（お父上のご逝去を心からお悔やみ申し上げます）

　　口頭でお悔やみをのべるときも、言葉としては同じ。

Please accept my deepest sympathies.

（心からお悔やみ申し上げます）

Please accept my sincere condolences.

（心からお悔やみ申し上げます）

I offer you my deepest sympathy.

（心からお悔やみ申し上げます）

I'm sorry to hear that your grandfather passed away.

（お祖父様がお亡くなられたそうで、ほんとうに残念です）

この I'm sorry には「悲しく思います」の気持ちが込められている。

　　なお pass away は「亡くなる」「逝去する」の意味。似たような表現で pass out は「気絶する」「酔って正体をなくす」だから、くれぐれも言い間違いしないように。

★弔問のために訪問することは condolence call または call of condolence と言う。後のほうがいくらか改まった言い方だ。

I called on him to offer my condolence.

（彼のところへお悔やみ（弔問）に行った）

I paid a visit of condolence to him.

（彼のところへお悔やみに行った）

137

美術館で

Can I take a picture here ?
(ここで写真を撮っていいですか)
Yes, you can. However, you can't use your flash.
(はい、結構です。ただし、フラッシュは使えません)
I see. Where are the works of Monet ?
(分かりました。モネの作品はどこですか)
They are on the third floor.
(3階です)
Thanks. (ありがとう)

....

Excuse me, but could you take my picture with this camera ? (すいませんが、このカメラで、私の写真を撮っていただけますか)
Sure. (はい)
It's already focused. Just press this please.
(ピントは、合わせてあります。ここを押してください)

Chapter 3　ケース・スタディ

★美術館、博物館などでよくつかう会話を紹介しよう。

What time does this historical museum open ?

（この博物館は何時に開館しますか）

Is this the museum that has Millet's paintings ?

（ミレーの絵がある美術館は、ここですか）

Monday through Friday, they open the historical museum at ten and on Saturdays at noon.

（月曜から金曜までは10時に、土曜は正午に開館します）

Is it for free ?（無料ですか）

How much is the admission fee ?

（入場料はいくらですか）

Six dollars for adults and three dollars for children.

（大人が6ドル、子供が3ドルです）

Three adults, please.（大人3枚、ください）

Where is the souvenir shop ?

（売店は、どこにありますか）

It's in the annex.（別館にあります）

Do you have any brochures ?

（パンフレットはありますか）

★外国では、知らない人と一緒に写真を撮ることもある。撮ってそのままバイバイはしないので次のように言ってみよう。外国の友達をつくるチャンスになるかもしれない。

I'd like send you the pictures when I get them developed in Japan. Would you mind telling me your name and address ?（日本で現像をしたら写真を送ります。名前と住所を教えてくださいませんか）

139

レストランで①

Are you ready to order ?
(ご注文はお決まりですか)
Yes. I'll have the veal.
(ええ、子牛をお願いします)
Would you like spaghetti or rice ?
(スパゲティとライス、どちらにしますか)
Rice.
(ライスにします)
And what kind of salad dressing would you like ? (サラダには、どのドレッシングがよろしいですか)
French dressing.
(フレンチ・ドレッシングにしてください)
Okay. And what would you like to drink ?
(かしこまりました。お飲みものは、何にしますか)
coffee, please.
(コーヒーをください)

140

Chapter 3　ケース・スタディ

★レストランでは、お店によってまず、予約について聞かれることがある。

Do you have a reservation ?

（テーブルの予約は、ございますか）

Yes, I do.（はい、予約しています）

No, I don't.（いいえ、予約していません）

いずれにしても、たいていの場合は、waiter あるいは、waitress が、

This way please.（こちらへ、どうぞ）

と、テーブルへ案内してくれるまで待つ。

席についたら、メニューを見るわけだが、テーブルに見当たらない場合は、

Menu please.（メニューをお願いします）

と頼む。

★どんな料理か、わからないと、注文もできないが、小エビは shrimp、大きいエビは lobster、shrimp と lobster の中間のエビ prawn、豚肉は pork、牛肉は beef、鶏肉は chicken、サケは salmon くらいを覚えておけば、ある程度は見当がつくはず。どうしてもわからないときは、

What is this ?（これは何ですか）

と聞けばよい。ウェイターに説明されても、よくわからないにしても、それが何の肉なのか、魚なのかくらいはわかるだろう。

★サラダのドレッシングにもいろいろな種類がある。French（フレンチ）、Italian（イタリアン）、Thousand islands（サウザンドアイランド）、Roquefort（ロックフォートチーズ）などだ。

141

レストランで②

Are you ready to order?（ご注文はお決まりですか）
Yes, I'd like a steak、（ええ、ステーキお願い）
How do you like your steak?
（ステーキの焼き加減はどういたしましょう）
Medium, please.
（ミディアムにしてちょうだい）
What kind of potato would you like?
（ポテトはどのように？）
Baked potato, please.
（ベイクド・ポテトにするわ）
Care for garlic toast?
（ガーリック・トーストを召し上がりますか）
Oh yes, I do.
（ええ、お願いします）

Chapter 3　ケース・スタディ

★ステーキを注文すると焼き加減をどうするかたずねられる。中までよく火を通すのが well-done。中心の部分にわずかにピンクが残っている程度に焼くのは medium well。外側はよく焼けているが中はかなりピンクの部分が残っているのは medium。中心の部分は生で、ピンクの部分が厚く残っているのは medium rare。表面に焼け目をつけただけ、中はほとんど生というのは rare。

★ステーキには、おおむねじゃがいも料理が付き合わせになっていて、好みの料理法をたずねられることが多い。大体つぎの３種類である。

baked potato　皮付きのじゃがいもを丸ごとオーブンで焼いたもの。

French fries　フレンチフライ。日本ではポテトフライといっている。

mashed potato　マッシュポテト。茹でたじゃがいもをつぶしてミルクとバターをまぜたもの。

　薄くスライスしてトーストした食パンに、ガーリックをまぜたバターを塗ったものも、やはりステーキの付け合わせによく出される。

★レストランに限らないが、何かをすぐつくってもらいたいときは、次のように言おう。

Can you make this right away ?

　（これは、すぐにできますか）

　at once も「すぐに」だが、日常的には、right away や immediately をつかうことのほうが多い。応用範囲の広い言葉でもある。

Can you do it right away ?（それはすぐにできますか）

143

ピクニックに誘う

Yuki, do you have any plans this Sunday ?
(ユキ、今度の日曜なんか予定ある？)
Not specially.
(とくにないわ)
Why don't we have a picnic ?
(ピクニックに行かない？)
That's a good idea. Where are we going ?
(いいわね。どこへ行くの？)
How about Takaozan ?
(高尾山はどう？)
OK. Can I take my boyfriend ?
(オーケー。私のカレも一緒に行っていいかしら？)
Sure. (いいわよ)

Chapter 3　ケース・スタディ

★「すすめる」（47ページ）でも言ったように、Why don't
…は親しい仲間うちでの誘いかけにつかう言いかた。
Why don't we…は私達、つまり自分も含めての誘いだから、
「一緒に…しない？」あるいは「…しましょうよ」という
言いかたになる。これに対して Why don't you…というの
は相手だけにすすめる言い方。

　Why don't you sit down ?（まあ、すわったら？）

★ごくくだけた言い方だから、答えも OK. とか All right.
といった形式ばらない言葉がいい。例文の That a good
idea. もよくつかわれる。もちろんこれは Yes の意味である。

★誘われて「残念だけど行けない」というときの返事は、

　I'm afraid I can't.（残念だけど行けないわ）

　I'd really like to go, but I can't.

　（ほんとうに行きたいんだけどダメだわ）

　How about…?（…はどう？）は、最も一般的な提案の
表現。

　How about hiking ?（ハイキングに行かない？）

　All right, When ?（いいよ。いつ？）

★あまり賛成できない。といって、モロに反対したんじゃ
カドが立つということもある。

　Well, I don't know.…I'd rather go to a movie.

　（そうねえ、どうかなぁ…、どっちかというと映画のほ
うがいいな）

★have a picnic は、go for（on）a picnic でもよい。その
ほかのレジャーの表現をあげておく。

go for a drive（ドライブに出かける）　see a play（芝居
をみる）　play tennis（テニスをする）

145

デートに誘う

What are you doing next Saturday ?
(この次の土曜日、何か予定はありますか)
Nothing particular。(特に何も)
Then, would you like to go out with me next Saturday ?
(それでは、次の土曜日、ぼくとデートはいかがですか)
Oh, that'll be nice.
(あら、いいですね)
Good. What time and where shall I meet you ?
(よかった。何時にどこで、会いましょうか)
How about the main lobby of Keio Plaza Hotel at seven o'clock ? (京王プラザホテルのメインロビーで、7時はいかがですか)
Fine, I'll meet you there at seven o'clock sharp. I'm looking forward to seeing you.
(結構です。7時きっかり、そこでお会いしましょう。楽しみにしています)
So am I. (私も)

Chapter 3　ケース・スタディ

★相手がアメリカ人の場合の男女交際で、気をつけること
は、まず、日本人はただの友達のことを、boyfriend,
girlfriend と言うが、あちらでは、boyfriend は、決まった
彼氏、girlfriend は、同じく特定の彼女を指す。つまり恋
人のことなのである。また、女性は、自分の女友達のこと
を、my girlfriend Yukiko（私の女友達のゆき子さん）と
言うことができるが、男性は、自分の男友達を my
boyfriend とは絶対に言わない。

★like と love の違いにも気をつけよう。あるアメリカ人
男性が、一人の女性と頻繁にデートをしている。相当気に
入っているから、そうするのであろうと、はたから見ても
よくわかる。その男性が、こんなことを言ったからといっ
て、驚いてはいけない。

I like her very much but I don't love her.

　（ぼくは彼女が大好きだが、彼女を愛してはいない）

　日本人は、愛の告白に「好き」も「愛している」も同じ
ようにつかう。しかし、英語では、love と like は、はっ
きり異なるのだ。

　いざというときの愛の告白の文例をあげておこう。

I love you.（愛しています）

I want you and need you.（あなたがほしい。そして必
要だ）

I'm falling in love with you.（あなたと恋に落ちそうだ）

You are not just one night stand.

（一夜かぎりの遊びのつもりじゃない）

I want to go steady with you.

（今後は、あなたを恋人としてつき合いたい）

147

病院で

Are you Mr. Yasuda ? (安田さんですか)

Yes, I am. (はい、安田です)

What seems to be the trouble ?
(どうなさいましたか)

I get a headache almost every day.
(ほとんど毎日、頭痛がするんです)

The doctor is ready for you now.
(先生が、お待ちしています)

Where should I go ?
(どちらへ行けばよいのですか)

Go right over there.
(あちらへ、どうぞ)

Thank you.
(ありがとう)

Chapter 3　ケース・スタディ

★period は、ピリオドつまり「終止符」という意味だけ
ではないことを知っているだろうか。特に女性は、覚えて
おいてもよいつかい方がある。period には、「生理」とい
う意味もあるのだ。生理は、辞書で見ると、menstruation
という単語がある。日本人の言う「メンス」は、この言葉
からきている。しかし、日常会話では、私の知る限りアメ
リカ人女性は「生理中」に menstruation や、menstruated
をつかうのを聞いたことがない。彼女たちは、period を
つかう。

　I'm on my period.（私、いま、生理中なの）

　と言い、これがほとんどのアメリカ人女性の言い方であ
る。

★病院でよくつかわれるほかの文例をあげておこう。

　I've got no appetite.（食欲がありません）

　I don't feel like eating anything.

　（何も食べたくない）

　I'm allergic to penicillin.

　（ペニシリンにアレルギーの体質です）

　I want to get rid of this cold.（風邪を治したい）

　I had my teeth pulled.（歯を抜きました）

　He is in the hospital.（彼は入院している）

　I have a stiff neck.（肩がこる）

★私の経験では、アメリカ人から肩がこるというのを聞い
たことがない。同じように、足腰が冷える、というのも聞
いたことがない。日本人とアメリカ人に、身体的な違いが
あるのだろうか。

149

テレビ

What do you want to watch ?
(何が見たい?)

What's on ?
(何やってるの?)

"NFL Weeks in Review" is on channel 10.
(10チャンネルで"今週のナショナル・フットボールリーグ"をやっている)

Oh, I'm not interested in it. I'm tired of football game. What else is on ?
(それはあまり見たくないわ。フットボールは見あきちゃった。ほかには何やってる?)

Well, "Nashville Gospel Show" is on channel 6.
(えー、6チャンネルで「ナッシュビル・ゴスペル・ショウ」をやっている)

Shall we watch it ? (それ見ましょうよ)

Chapter 3　ケース・スタディ

テレビを"見る"は watch、映画や芝居は see である。

Would you like to see a movie tonight ?

（今夜映画見る？）

Sure. What do you want to see ?

（ええ、見たいわ。あなたは何が見たいの？）

★テレビ番組にはいろいろな種類がある。

ドラマ　**drama**　　推理劇　**mystery**

コメディ　**comedy**　　冒険もの　**adventure**

西部劇　**western**　　アニメ　**cartoon**

警察もの　**police show**　　探偵もの　**detective show**

ゲーム　**game show**　　外国映画　**foreign film**

SFもの　**science fiction**

ドキュメント　**documentary**

子供番組　**children's program**

ニュース　**newscast**

★soap opera "石鹸オペラ"という番組があった。western のことをいくぶん軽蔑ぎみに horse opera というが、これに由来する言葉で、昼の時間帯に放映される安っぽいドラマのこと。石鹸メーカーがよくスポンサーになっていたことからこの名がついた。

　situation comedy という言い方もよくする。登場人物がとんでもない状況に立たされて慌てたり、四苦八苦するドタバタ喜劇である。

151

プレゼント

Happy birthday, Ann.（誕生日、おめでとう。アン）
Thank you.（ありがとう）
How do you like my present?
（私からのプレゼントは、気にいってもらえますか）
Oh, it's a really nice sweater.
（ええ、本当にすてきなセーターです）
How about the color?（色は、どうですか）
You made the best choice. Red is my favorite color.（あなたは、最高のものを選んだわ。赤は、私が大好きな色なの）

★Give は、もちろん「あげる、与える」であるが、実際には、ほかの言い方もよくつかわれる。I give it to you. は、次のように言うこともある。

　You can have it. That's yours.

　直訳すると、「あなたはそれを持つことができる。それは、あなたのものです」だが、意味は、「あげます」なのである。

Chapter 3　ケース・スタディ

★さて、日本人は、人にプレゼントをするとき、決まり文句のように「つまらないものですが…」と言う。これを直訳して欧米人に "This is a worthless thing…" と言ってプレゼントを差し出したら、とんでもないことになりかねない。さらに「お気に召さないかも知れませんが…」 "perhaps you don't like it…" などをつけ加えたら、もう最悪となる。つまらなく、好きにもなれないものを、なんでくれたのか、と思うのが欧米人の考え方なのだ。だから、プレゼントをする場合、その反対ともいうべき言葉をそえるほうがよいことになるが、やはり、謙虚な気持ちもこめたいときは、次のように言おう。

This is not a big present.

（大したプレゼントではないですけど）

Here's a small present for you.

（小さなプレゼントですけど）

そして、こう続ける。

I hope you like it.

（あなたが気にいって下さるといいのですが）

★逆に、プレゼントされたときは、すなおに喜びを表現したい。それも、日本人から見ればオーバーだなと思うくらい大袈裟に表現して英語の場合はちょうどよいということも覚えておこう。

Thank you very much.

Oh, I like it very much,

Oh, how beautiful.

Oh, it looks good.

You're so nice !

153

バーで

Come on, I'll buy you a drink.
(来いよ。一杯おごるよ)

Thank you.(ありがとう)

What would you like to drink?(何を飲む?)

I'll have Scotch on the rocks.
(スコッチをオンザロックでお願いします)

And I'll have another one, please.
(それと、ぼくにはお代わりをください)

Yes sir.(かしこまりました)

By the way, guess what I've decided to do!
(ところで、ぼくが何を決断したか、当ててごらん)

I can't guess. what?(想像がつかないね。何だね)

I've decided to get married.
(結婚することにしたんだ)

You have! That's great!
(君が? それは、すばらしい!)

Chapter 3　ケース・スタディ

　日本人の言う「飲みに行こう」は、アルコール類を飲みに行くに決まっている。英語でも、Let's go and get some drinks. と言うと、「出かけて飲もう」になる。drink は、酒を飲むという動詞につかわれる場合と、アルコールの飲み物を表す場合とがある。

Would you like to have a drink or two with me ?

（私と軽く一杯、どうですか）

What would you like to drink ?

（何を飲みますか）

Beer ? What kind ?（ビール？ビールは何にしますか）

　ビールについてだけでなく、スコッチやバーボンについても、その銘柄を指定する必要がある。たとえば、ビールなら、Kirin がいいのか、Budweiser か Coors か、などはっきり指定する。

★ほかに、飲酒に関する文例をあげておく。

I'm drunk.（私は酔ってしまった）

I got drunk last night.（昨晩は、酔ってしまった）

He is stoned.（彼はベロベロに酔っている）

I'm feeling high.（ポロ酔いだ）

I drank too much today.

（きょうは、飲み過ぎてしまった）

He is an alchoholic.（彼は、アル中だ）

I have a hangover.（二日酔いだ）

I stopped drinking.（酒は、止めた）

Don't drink and drive.（飲んだら乗るな）

I'm sober.（私は、シラフだよ）

155

★アルコール飲料には次のようなものがある。

scotch whisky（スコッチウィスキー）

bourbon whisky（バーボンウィスキー）

gin（ジン）　**vodka**（ウォッカ）　**rum**（ラム）

brandy（ブランデー）　**wine**（ワイン）

champagne（シャンペン）

★カクテルも紹介しよう。

old fashioned（オールドファッション―スコッチまたは
バーボンに、砂糖、レモンの皮、ビタース）

manhattan（マンハッタン―スコッチまたはバーボンに、
ベルモット、ビタース）

whisky sour（ウィスキーサワー―スコッチまたはバーボ
ンに、レモンジュース、砂糖。好みによってミントを加え
る）

orange blossom（オレンジブロッサム―ジン、オレンジ
ジュース）

pink lady（ピンクレディ―ジン、ざくろのシロップ、ク
リーム、卵の白身）

gin and tonic（ジントニック―ジン、ライム、トニック
ウォーター）

gin fizz（ジンフィーズ―ジン、レモンジュース、粉砂糖）

stinger（スティンガー―バーボンまたはスコッチに白ミ
ント）

alexander（アレグサンダー―カカオクリーム、クリーム、
ブランデーまたはウィスキーまたはジン）

egg nog（エグノグ―砂糖、卵の黄身、ウィスキー、ホィ
ップクリーム、牛乳）

CHAPTER 4

もっともっと上手になる英会話

基本動詞を フルに つかって

★have という単語は「持つ・持っている」という意味だけではない。ほかにもいろいろなつかい方がある。

この章では、そういった単語のいくつかを紹介してみよう。少ない単語で、より豊かに英会話を楽しめるようになろう。

have

I have a dog.（犬を飼っている）
Do you have time？（時間、ある？）
I have a splitting headache.
（頭が、われそうに痛い）
Have a good time.
（楽しんでいらっしゃい）
I have to go.（行かなきゃならない）
I have him call you.
（彼に電話をかけさせますよ）
Have you been there？
（そこへ、行ったことありますか？）
I'll have coffee ready.
（コーヒーを用意しておいてあげますよ）
I'd like to have you come over for dinner.

Chapter 4　もっともっと上手になる英会話

（あなたを夕食に招待したいです）

take

Take your shoes off.

（クツを、ぬぎなさい）

It takes 10 minutes to get there.

（そこへ行くのに、10分かかります）

I'd like to take you out some time.

（いつか、デートにさそいたいんだけど）

I'll take you home.

（家まで送っていくよ）

It takes a lot of time.

（時間がたくさんかかる）

I take it for granted that people are honest.

（人々が正直であることは当然のことと思っている）

I'll take it.（これにします）

　※買うものを決めたときにつかう。

Take your time.（ゆっくりでいいですよ）

take out（飲食物の持ち帰り）

Take it easy.（気をつけて）

─── 日本文化を English で⑨ ───

水引

　It consists of red and white cords or sometimes gold and silver cords properly tied around the wrapper of a gift.

159

make

What are you making ?
（なにを作っているのですか？）

I put on make up.（お化粧をする）

Make up your mind.（決心しなさい）

Make sure the door is closed.
（ドアがちゃんと閉まっているか確かめなさい）

Oh, she makes me mad.
（ああ、彼女には腹が立つ）

I want to make up with you.
（君と仲直りがしたい）

He makes a lot of money.
（彼はよくかせぐ）

You can make it if you hurry.
（急げば、間にあうよ）

Two and three make five.
（２＋３＝５）

He is a trouble maker.
（彼はいざこざを起こす人）

I will make it !
（やってみせるぜ）

get ［got］

Get out of here !
（ここから出ていけ！）

Chapter 4　もっともっと上手になる英会話

I got a phone call from Jim.
（ジムから電話をもらった）

Get ready.（用意をしていなさい）

She gets mad easily.（彼女は、すぐ怒る）

They don't get along with each other.
（彼らは仲が悪い）

When I get home.
（家に帰ったときに）

Get on the train.（電車に乗る）

That noise gets on my nerves.
（その音は、気にさわる）

I got over a difficulty.
（困難に打ち勝った）

Why don't we get together next Sunday ?
（次の日曜日、皆で集まろうよ）

Please get in touch with me.
（連絡してください）

I got you.（君のいうこと、わかった）

I got up early this morning.
（今朝、早く起きた）

Get rid of it.（それを取り除いてくれ）

───────── 日本文化を English で⑩ ─────

おしぼり

　A hand towel served at the restaurants, bars, coffee shops, etc.

set

set a doll on the TV.
（テレビの上に、人形を置く）

Get set !
（位置について用意！）※陸上競技のときなど

Set the trash on fire.
（ガラクタに、火をつける）

The sun has set in the west.
（太陽が西に沈んだ）

Set the table.
（食事の準備をする）

Set my watch by the radio.
（ラジオで、時計を合わせる）

a six-piece tea set
（6客の紅茶セット）

I try to set aside part of my monthly income.
（毎月の収入からいくらかを貯えるようにしている）

a set of golf clubs （ゴルフクラブのセット）

The story is set in the 18th century.
（物語は18世紀に設定されている）

television set （テレビ受像機）

play

I'm going to a play.
（芝居を見に行きます）

Do you play tennis ?

Chapter 4 もっともっと上手になる英会話

（テニスをしますか？）

Can you play guitar ?

（ギターを弾けますか？）

Let's play it by ear.

（臨機応変に決めよう）

You'd better play it cool.

（冷静に行動したほうがいいよ）

Children were playing around in the garden.

（子供達は庭で遊んでいた）

playmate

（遊び友達）※通常女性を意味する

play-by-play（実況放送）

play cards（トランプをする）

What is playing at the theatre ?

（その劇場では、なにが上演されていますか？）

━━━━ 日本文化を English で⑪ ━━━━

七福神

　　Seven Deities of Luck

Ebisu . . . . god of fisherman and tradesmen

Daikokuten . . . . god of farmers

Benten . . . . the only goddess in the group who
　　　　　　represents art, literature and music

Bishamonten . . . . god of warriors

Fukurokujin . . . . god of profits

Juroujin . . . . god of longevity

Hotei . . . . god of wealth

go

Go ahead.
（どうぞ、どうぞやって下さい）

go-between（仲人）

Let's go out.（外出しよう）

Tomoko and Akira are going together.
（トモコとアキラは交際中）

Shall I go for a doctor ?
（医者を呼びに行きましょうか？）

Do you go for rock'n roll music ?
（ロック音楽は好き？）

I'm going home.（家に帰ります）

He goes into politics.
（彼は政界に入る）

Let it go at that.
（それでよしとする）

Where do we go from here ?
（次はどうすればいいんだ？）

Whose go is it ?（誰の番だ？）

come

Are you coming to the dance tomorrow ?
（明日のダンスパーティに来る？）

※ダンスパーティは **dance party** とは言わず、ただ dance
である。

First-come, first-served basis（先着順）

Chapter 4　もっともっと上手になる英会話

Come and go.

（行ったりきたりする）

come what may

（どんなことが起ころうとも）

What will come of it ?

（いったい、そこから何が起こるっていうんだ？）

I'm from Hiroshima.

（私は広島の出身です）

I'm coming down with a cold.

（カゼをひきつつある）

come in handy

（必要なときに役に立つ）

Come on in.

（さあ、お入りなさい）

come close

（もう少し、危ないところで）

Your meaning didn't come across clearly.

（おっしゃる意味がピンときません）

Come along.

（いっしょについておいで）

The time has come.

（その時がきた）

in the years to come（今後）

Coming ! coming !

（行く！　行く！）

He has come over to our house.

（彼はわれわれの家にやって来た）

165

stand

Stand up.
（立ちなさい）

Stand still.
（じっとして）

Standing room only
（立見席のみ）

Pigeon stands for peace.
（ハトは平和の象徴です）

What does N.Y. stand for ?
（N.Y. とは、何の略ですか？）

stand in line
（並んで待つ）

a hamburger stand
（ハンバーガーの店）

She couldn't stand him.
（彼女は、彼にがまんがならなかった）

as it stands
（現状では）

I was just standing about.
（私はなにもしないで、ただぼんやり立っていた）

keep

Keep out
（立入禁止）

Keep the change.

Chapter 4　もっともっと上手になる英会話

（つりは、いいよ）

Keep it secret.

〈秘密にしといて〉

You can keep it.

（取っておきなさい、あげるよ）

Keep smiling.

（いつも、ほほえみを忘れないようにね）

Keep yourself warm.

（暖かくしていなさい）

keep it up

（がんばり続ける）

I won't keep you long.

（お手間はとらせません）

keep a diary

（日記をつける）

Keep the matches away for the children.

（マッチを子供の手のとどかない所におきなさい〉

日本文化を English で⑫

じゃんけん

It's the Japanese equivalent of tossing up. Each participant holds out a hand represent a stone, a piece of paper and a pair of scissors at the same moment. The idea is that the stone can be wrapped in the paper, but is proof against the scissors, which in turn can cut the paper.

疑問詞の上手なつかい方

★疑問詞があるからといって、疑問文であるとは限らない。知らないと、返答に困ってしまうかもしれない。いくつかの疑問詞について、その普通のつかい方と、ちょっと変わったつかい方を紹介しよう。

what

What is this ?（これは、何ですか）
What is the matter ?
（どうしたのですか？）
What's on your mind ?（何を考えている？）
What a fool he is !（彼はなんとバカなんだろう）
So what ?（だから、どうだというのだ）
What about a drink ?（一杯、どうだい）

how

How much is this ?（これは、いくらですか）
How long have you been in Japan ?
（日本にどのくらい住んでいますか）
How much does she weigh ?（彼女の体重は？）
How do you do ?（はじめまして）
How about going out with me ?

Chapter 4　もっともっと上手になる英会話

（私と一緒に出かけませんか）

How do you like your beef stew ?
（ビーフシチューは、いかが？）

How do you like my present ?
（私のプレゼントは気に入った？）

How could I forget ?（忘れるものですか）

How's everything at work ?（仕事はどうですか）

Tell me the reason why you did it.
（なぜそんなことをしたのか、理由を言ってください）

Why don't you buy a book ?（本を買えば？）

Every why has a wherefore.（何ごとも、理由はあるもの）
　※ことわざ

Why not ?（なぜだめなんですか？）

Why don't you call me next week ?
（来週、私に電話してみたら？）

Why so ?（どうしてそう思うのか）

　※ Why not ? は、「もちろん、そうするさ」というくらいの意味のこともある。

日本文化を English で⑬

はんこ

　Seal used in place of the signature. There are 3 types of seals, mitome in or private seal, jitsuin or registered legal seal and the seals which are specifically designed by aritsts for their own use.

169

前置詞・副詞なども上手につかって

★文章の中で、前置詞・副詞などは、いわば脇役だが、この脇役も、上手につかえば、表現能力がグ〜ンと上がる。脇役を、その他大勢のままにしておくか、名脇役として、引き立たせる、それはあなたのウデしだい！

over

Come over here.
(ここへおいで)

overtime work
(残業、時間外労働)

I'm overweight.
(私は、ふとりすぎ)

I overslept this morning.
(今朝、ねぼうした)

a hill overlooking the sea
(海を見降ろす丘)

I have a hangover. (二日酔いだ)

overnight trip. (一泊旅行)

over a five year period
(五年にわたって)

I'll tell you about it over the phone.
(電話で知らせる)

Chapter 4　もっともっと上手になる英会話

travel all over the world
（世界中を旅行する）

about

How about a cup of coffee ?
（コーヒーはいかが？）

It's about that time.
（もうそうしてもいいころだ）

What about ?（何のこと？）

I was about to go out.
（まさに出かけようとしていたところだった）

He arrived about midnight.
（彼は真夜中ごろ着いた）

I don't know anything about horse race.
（競馬については、何も知らない）

He is about my size.
（彼は、私と同じ背かっこうだ）

papers scattered about the room
（部屋中に散らばった書類）

How about a date next weekend ?
（次の週末に、デートはどう？）

I want to know all about you.
（君のすべてを知りたい）

――――――― 日本文化を English で⑭ ―――

将棋

　Japanese chess. The object of the game is to checkmate the king.

171

down

The sun goes down.（日が暮れる）

I feel down.（落ちこんでいる）

down payment

（分割払いの頭金、手付金）

He fell down and cut his lip.

（彼はころんで、唇を切った）

Write down what I say.

（私のいうことを書きなさい）

downtown（下町、商業地区、繁華街）

run down the stairs

（階段をかけおりる）

down（若鳥の綿毛）

I knocked him down.

（私は彼をなぐり倒した）

She is down with a high fever.

（彼女は高熱を出して寝込んでいます）

upside down

（さかさま、あべこべ）

for

for one thing

（ひとつには、ひとつの理由としては）

This is for sale.（これは売り物です）

I stayed there for 3 weeks.

（私はそこに3週間いました）

172

Chapter 4　もっともっと上手になる英会話

Thank you for coming.
(来て下さってありがとうございます)
For what ?（何のために？）
for sure（確かに、確実に）
This is for you.
(これ、あなたのです、これをあげます)

Tokyo is a big city.
(東京は大都市です)
big shot／big wheel（お偉方）
He has a big heart.（彼は寛大な人だ）
She is a big liar.
(彼女は大うそつきだ)
That guy always talks big about〜.
(あの男は〜についていつもホラをふく)
Big deal !（それがどうしたんだ！）
Mrs. A is big mouth.
(A夫人はおしゃべりだ)
a big issue（大問題）
a big word（難解な言葉）
big head（うぬぼれ）

───── 日本文化を English で⑮ ─────
ダルマ
　A red tumbling doll representing Buddhdharma who sits cross-legged in meditation.

173

some

Have some coffee.
(コーヒーを召し上がれ)

Some day I'll be able to go there.
(いつかは、そこへ行けるだろう)

Could you lend me some money?
(金をいくらか貸してくれないか?)

Maybe some other time.
(ほかのときに、もしかしたらね)

for some reason (どういうわけか)

That must be some mistake.
(それは何かの間違いにちがいない)

Some birds can not fly.
(飛べない鳥もある)

some years ago (数年前)

There were some 20 or 30 people there.
(そこには20人か30人の人がいた)

It has been some time since I saw you last.
(最後にお逢いしてから、かなりたちますね)

That was some storm.
(すごい嵐だった)

up

The time is up.
(時間が切れました)

up and down

Chapter 4　もっともっと上手になる英会話

（上がったり下がったり）

It's up to you.

（あなたしだいです）

up to date（現代風の）

What's up ?（どうした？）

hung up the phone

（電話を切る）

I stayed up all night last night.

（昨夜は一晩中寝なかった）

add it up（合計する）

Fill it up please.

（満タンにして下さい）

Thanks, I'll make it up to you some day.

（ありがとう、いつか埋めあわせをするよ）

put on make up（化粧をする）

日本文化を English で⑯

俳句

　Japanese short poems which contain 17 syllables in all, three lines containing 5, 7, 5 syllables respectively.

碁

　A game played on a board divided by vertical and horizontal lines which form 361 points of intersection. One person uses black and the other uses white stones. Win the game when occupy the largest portion of the board.

out

I'm not going out tonight.
(今夜は、出掛けない)

He is out now.
(彼は今外出中です)

He is in and out.
(彼は出たり入ったりしています)

out of order（故障）

Get out of here !
(ここから、とっとと出て行け！)

Speak out.
(はっきり、言ってごらん)

ran out of sugar
(砂糖がなくなってしまった)

Keep out（立入禁止）

The lights went out.（電気が消えた）

He struck out.
(彼は三振をくらった)

I'm out of money.
(お金がなくなってしまった)

He is a warm and outgoing person.
(彼は暖かくて社交性のある人だ)

by

Come and sit by me.
(ここへきて、私のそばにすわりなさい)

176

Chapter 4　もっともっと上手になる英会話

I went to Europe by way of Bangkok.

（バンコック経由でヨーロッパに行った）

By all means（ぜひとも）

By the way

（ところで……）

one by one

（ひとつずつ）

Come no later than by this time tomorrow.

（明日のこの頃までには、きなさい）

I'll be there by 5.

（五時までには、そこへ行くよ）

This book is written by him.

（この本は、彼が書いた）

What do you mean by that ?

（それは、どういう意味ですか？）

I called her by mistake.

（間違って、彼女に電話してしまった）

I go there by bus.

（そこへ、バスで行きます）

day by day

（日に日に）

7 by 8 makes 56.

（7 × 8 は56）

step by step

（一歩一歩と）

177

back

I'll be back soon.

（すぐもどってくるよ）

Scratch my back please.

（背中をかいて下さい）

Get off my back !

（非難するのを止めろ）

back-seat driver

（車の中で、おせっかいな助言や注意をする同乗者）

Don't talk back to your parents.

（親に向かって口答えをするんじゃない）

She is always on my back.

（彼女はいつも私を悩ませる）　※小言をいったり、非難し
たりして

How much to New York and back ?

（ニューヨークまで往復いくらですか？）

some years back

（数年前に）

back and forth

（前後に、左右に、あちこちに、行ったりきたり）

Back up

（後ろにさがりなさい）

I have a backache.

（背中が痛い）

178

Chapter 4　もっともっと上手になる英会話

all

all my life（一生涯）

and all that（その他もろもろ）

after all（結局のところ）

all in all（全般的に見て）

He is all heart.
（彼はまったくいい人だ）

above all（とりわけ）

not at all（どういたしまして）

it's all your fault.
（それは全部、あなたのせいだ）

all of the sudden（突然、突如として）

30 dollars in all（全部で30ドル）

all the time（いつでも）

in all directions（四方八方に）

He became all skin and bones.
（彼は骨と皮ばかりにやせた）

all or nothing（一か八か）

――― 日本文化を English で⑰ ―――

十二支

12 signs of the Oriental zodiac cycle ne（mouse）
ushi（ox）tora（tiger）u（rabbit）tatsu（dragon）mi
（snake）uma（horse）hitsuji（sheep）saru（monkey）
tori（chicken）inu（dog）i（wild boar）

in

Come in, please.
（どうぞお入り下さい）

I'm not in the mood.
（その気になれない）

Please get in touch with me.
（連絡して下さい）

in case of rain
（もしも雨の場合は）

in case of emergency
（もしも緊急の場合は）

She is in trouble.
（彼女はトラブルに巻きこまれている）

sneak in（そーっと入る）

He is in early 60 s.
（彼は60歳代の前半だ）

in front of～（～の前）

in order to～
（～するために）

He is deep in deft.
（彼に、多額の借金がある）

good

make a good deal.
（有利な取引をする）

good for nothing.

Chapter 4　もっともっと上手になる英会話

（何の役にも立たない）

He is gone for good.

（彼はもう帰ってこない）

I had a good time.

（とても楽しかった）

She is good-looking.

（彼女は、美人だ）

Good for you.

（でかしたぞ、よくやった）

Good show !（いいぞ、すてきだ！）

I wish you good luck.

（幸運を祈るよ）

You've been very good to me.

（とても親切にしていただきました）

Would you be good enough to help me move ?

（引っ越しの手伝いをお願いできますか？）

Be good.

（じゃ気をつけて、しっかりね）

I'm feeling good.（元気です）

This ticket is good for one week.

（この切符は一週間有効です）

Have a good night sleep.

（よくねむりなさい）

It is a good 5 kilometers from here.

（それは、ここから５キロはたっぷりあります）

He is in good with the boss.

（彼は上司に気に入られている）

181

on

Go on.（続けなさい）

and so on（などなど）

off and on（時々／不規則に）

on and on（長々と、延々と）

on the way（行く途中）

on the job training（実地訓練）

The dinner is on me.

（夕食は、私のおごりだよ）

I'm on the pill.

（避妊用ピルを服用中）

put on（着る、かぶる、はめる、はく、かけるなど身体につけること）

later on（後で）

from now on（これから先／今後）

Light is on.（明かりがついている）

one

one of these days

（そのうちいつか）

for one

（少なくとも自分は、自分としては）

one and all

（誰もかれも一人残らず）

one after another（次から次へと）

one after the other（次々に交互に）

Chapter 4　もっともっと上手になる英会話

※２つまたは３つ以上のものにつかう。

Just one of those things（よくあること）

for one thing
（ひとつの理由としては）

in one word（ひとことでいえば）

one day（いつか）

one summer day（夏のある日）

My loved ones
（私の愛する者）※家族や子供など

One thing is for sure.
（ひとつだけ確かなことがある）

one-night stand（一夜限りの情事）

cut

I cut my finger with the knife.
（ナイフで指を切った）

Oh cut it out !（止めろ！）

I'm going to get my hair cut.
（散髪に行ってくる）

―――――――――――― 日本文化を English で⑱ ―――

鵜飼

　Cormorant fishing. The fishing boats are manned by 4 men who wear ceremonial headgear. The cormorant have a cord tied at the base of their necks to prevent them from swallowing the catch.

183

仮定法をつかいこなそう

★日本人の英語学習で、難しいところの一つが、仮定法。現在の事実と反対の場合を仮定して言うときは、仮定法過去を、過去の事実と反対の場合を仮定して言うときは、仮定法過去完了をつかう。

仮定法過去

I wish that the window were open.
（窓が開いていたらと思います）
If the television were on, I would watch it.
（テレビがついていたら、見るのですが）
If I were you, I would accept the offer.
（もし私があなたなら、その提案を受けますね）
If I had the time, I could go with you.
（時間さえあれば、一緒に行かれるのですが）

★I wish that the window were open. では、事実は"The window is closed."なのである。
★仮定法過去では、条件節（if～）が過去となり、主節の助動詞も過去形になる。なお、"if the window was"や"if I was"ではなく、"if the window were" "if I were"であることに注意。

184

Chapter 4　もっともっと上手になる英会話

仮定法過去完了

I wish that the window had been open at that time.
（あのとき、窓が開いていたなら、と思います）
If the television had been on yesterday, I would have watched it.
（きのう、テレビがついていたら見たのですが）
If I had had the time, I could have gone with you.
（時間さえあれば、あなたと一緒に行ったのですが）

★過去の事実と反対の場合を仮定するときは、仮定法過去完了をつかい（if～）、主節は、過去形助動詞＋完了形になる。
★次の例を比べてみよう。
①**If he hadn't forgotten to pack his compass, we wouldn't have been lost.**
（彼が磁石をつめるのを忘れなかったら、私たちは、道に迷わなかっただろうに）
②**If he hadn't forgotten to pack his compass, we wouldn't be lost.**
（彼が磁石を詰めるのを忘れなかったら、いま、私たちは道に迷っていないだろう）

★①の例は、過去の事実と反対の場合を仮定して、道に迷ったのも過去のこと。②は、同じように過去の事実と反対の場合を仮定しているが、道に迷っているのは、いまである。

185

ものがもつ イメージを 生かして

★日本語なら、キツネは「ずるがしこい」、臼は「潔白・純潔」というように、さまざまなものには、それぞれ特別なイメージがある。それらをつかった英語特有の表現を身につけよう。

動物のイメージ

It is raining cats and dogs.
(雨がどしゃぶりに降っている)
Holy cow！
(あーあ、おやまあ)
Wait for the cat to jump.
(事態を静観しろ)
He is as busy as a bee.
(彼は休む間もなく忙しい)

そのほかの例もあげておこう。
hot dog（目立ちたがり屋／スター気取り）
monkey around（何もしないでブラブラしている）
tiger（暴れん坊）
rat（卑劣な奴）
mouse（かわいい娘）
work like a bee（働きバチ）

Chapter 4　もっともっと上手になる英会話

cat-and-dog life（夫婦喧嘩の絶えない暮らし）
die a dog's death（不名誉な死に方をする）
like a dog's dinner（派手に）
a dead duck（役立たず・だめな人）
bell the cat（危険なことをあえてやる―ネコの首に鈴をつけることから）
bug〜（〜をいら立たせる）
chicken（臆病者）
chick（若い女性）
eat like a bird（小食である）
eat like a horse（大食である）
See you later alligator.（じゃあ、またあとで）
fishy（うさんくさい／いかがわしい）
squid（ホモ）
packed like sardines（すし詰めになって）
sardined in train（電車ですし詰めになる）

187

食べ物のイメージ

His car is a lemon.
（彼の車は、欠陥車だ）
He is some pumpkins.
（彼はひとかどの人物だ）
He is a egg-head. （彼はインテリだ）

そのほか、飲食物をつかったフレーズをあげておこう。
polish apples （ごまをする）
the apple of discord （争いのもと）
not all beer and skittles
（おもしろいことばかりではない）
square the beef （不満の種を取り除く）
milk and water （気の抜けた話）
milk-livered （臆病な）
earn one's bread （なんとか暮らしを立てる）
bread and butter （生計の手段）

色のイメージ

I saw a pink elephant.
（私は酔って幻覚を見た）
Our boss was treated to the red carpet.
（私たちの上司は、丁重な歓迎を受けた）
turn green （顔が青ざめる）
go black （意識を失う）

188

Chapter 4　もっともっと上手になる英会話

blackmail（ゆすり）

white elephant（やっかいもの・もてあましもの）

white paper（政府の公式報告書）

white lie（罪のないウソ）

feel blue（気が滅入る・憂鬱になる）

blue Monday（いやな月曜日）

have the blues（気が滅入る）

green light（交通信号の青信号）

green back（アメリカ・ドル紙幣）

※裏面が緑色だから

green Christmas（雪のないクリスマス）

green wound（生傷）

red eyes（血走った目）

brown-bagging（弁当を持参すること）

brown nose
（上役にへつらう・おべっかをつかう）

brown rice（玄米）

black and blue（打撲などでできたアザ）

He looked black to his wife.
（彼は、妻をにらみつけた）

black out
（一時的に意識を失う）

gray area
（うやむやで、はっきりしない箇所）

gray hair（白髪）

brown sugar（黒砂糖）

pink（ナデシコ、セキチク）

189

時刻に関する いろいろな 表現

★時刻の表現くらい、英語ですらすらと言いたいもの。決まりごとはほんの少し。それさえ知っていれば、あとは簡単。

時刻の言い方

It's 3 o'clock.（3時です）
It's 3.（3時です）
It's 3 o'clock in the afternoon.
（午後3時です）
It's 3 P.M.（午後3時です）

★まず最初に、日本人が実に"正々堂々と"間違えている午前と午後のつかい方、これを正しくつかってほしい。

なぜ"正々堂々と"と言ったかというと、テレビでもポスターでも、公式の書類のたぐいでも、午前をA.M.午後をP.M.とつかい分けているのはよいとして、時刻の前にもってくるのが、私にはどうしても解せないのだ。午前7時を、A.M.7：00とし、午後6時をP.M.6：00と書いてある。これは7：00A.M.、6：00P.M.でなければいけない。日本語で午前と午後を時刻の前につけるからといって、英語も同様に、というのは間違い。必ず、時刻の後にもってくる

Chapter 4　もっともっと上手になる英会話

こと。

　〜時は、〜o'clock。しかし o'clock をはぶくことも多い。

　時刻をたずねるときは、次のように言う。

What time is it ?（何時ですか）

What time do you have ?（何時ですか）

★そのほかの時刻の表現をあげておこう。

It's half past 3.（３時半です）

It's three-thirty.（３時半です）

It s 30 minutes after 3.（３時半です）

It's quarter after 3.（３時15分過ぎです）

It's three-fifteen.（３時15分です）

It's 15 minutes after 3.（３時15分過ぎです）

It's quarter to 3.（３時15分前です）

It's quarter till 3.（３時15分前です）

It's 15 minutes to 3.（３時15分前です）

It's two forty-five.（２時45分です＝３時15分前です）

It's ten to 3.（３時10分前です）

It's five after 3.（３時５分過ぎです）

It's a couple of minutes to 3,（３時２〜３分前です）

It's a couple of minutes after 3.

（３時２〜３分過ぎです）

　午前 A.M.、午後 P.M. をつかわない時刻の表し方もある。

0800 hours = zero eight hundred hours（午前８時）

1700 hours = seventeen hundred hours（午後５時）

2200 hours = twenty two hundred hours（午後10時）

191

time をつかったフレーズ

Have a good time !
（お楽しみください／楽しんでいらっしゃい）
It's time for me to go. （もう行かなくては）
I was just killing time.
（ただ、時間をつぶしていたんだ）
I see him from time to time.
（時々、彼に会う）

★時刻を表現する以外の time をつかったフレーズも覚え
ておこう。

It's 3 times as large as yours.
（それはあなたのもっているものの３倍大きい）
I got there on time.
（そこへ時間通りに着いた）
Take your time.
（急がないでいいから、ゆっくりやってください）
I told her not to make a mistake time after time.
（彼女はミスをしないように何度も何度も言った）
It's about time that she found it out.
（彼女はもう、それに気づいていいころだ）
I have to work overtime today.
（きょうは、残業しなくてはならない）
This will do for the time being.
（さしあたって、これで間に合う）
Time is up. （終わり！制限時間です）

192

Chapter 4　もっともっと上手になる英会話

The child can tell the time.

（その子供は、時計の見方が分かる）

She is near her time.（彼女は臨月間近だ）

beat time（拍子をとる）

It's very cold for this time of year.

（今頃としては、とても寒い）

old timer（古顔）

Time flies like an arrow.（光陰、矢のごとし）

Time is money.（時は金なり）

Time and tide wait for no man.

（歳月、人を待たず）

it is…

　時刻を言うときには、it is…をつかう。同じく it is…で
始まる言い方に、天候や距離がある。ついでにマスターし
よう。

It's raining.（雨が降っている）

It's snowing.（雪が降っている）

It's 6 miles to his house.

（彼の家までは、6マイルある）

It's 2 kilometers between his house and school.

（彼の家から学校までは、2キロある）

It's supposed to be very warm tomorrow.

（明日は、暖かくなるはずだよ）

How far is it from here to the building ?

（ここからそのビルまでどのくらい、ありますか）

193

度量衡

あちら流の度量衡に慣れるまではピンとこないかもしれないが、慣れれば、大体の見当はすぐつくようになるはず。

重さ（**WEIGHT**）

日　　　本	アメリカ	換　　　算
gram（g） （グラム）	ounce（oz） （オンス）	1 ounce＝28.3 grams
kilogram（kg） （キログラム）	pound（lb） （ポンド）	1 pound＝16 ounces ＝0.45kilograms

長さ（**LENGTH**）

日　　　本	アメリカ
centimeter（センチメートル） meter（メートル） kilometer（キロメートル）	inch（インチ） feet（フィート） yard（ヤード） mile（マイル）

換算

1 inch＝1/12 foot＝2.54 centimeters

1 foot＝12 inches＝1/3 yard＝30.4 centimeters

1 yard＝3 feet＝36 inches＝0.9 meters

1 mile＝5.2 feet＝1.7 yard＝1.6 kilometers

温度（**TEMPERATURE**）

日　　　本	アメリカ
Centigrade（C. 摂氏.）	Fahrenheit（F. 華氏）

0℃＝32° F。～度の〝度〟は、degree をつかう。

32度＝32degrees　零下10度＝10 degrees below zero

ヤバいくらい通じる
英会話の法則

著　者	窪田ひろ子
発行者	真船美保子
発行所	KK ロングセラーズ
	東京都新宿区高田馬場 2-1-2　〒 169-0075
	電話　(03) 3204-5161(代)　振替　00120-7-145737
	http://www.kklong.co.jp
印　刷	太陽印刷　　製　本　難波製本

落丁・乱丁はお取り替えいたします。
※定価と発行日はカバーに表示してあります。
ISBN978-4-8454-5003-9　C0282　　Printed In Japan 2016